Guide de voyag

MONTRÉAL EN MÉTRO

Éditions Ulysse
Montréal - Québec

Direction de projet
Claude Morneau

Rédaction et recherche
Marielle Dubois
Montréal Aujourd'hui

Mise en page
Diane Harnois

Correction
Marielle Dubois
Pierre Corbeil

Collaboration
Mathieu Arcand
Pascale Couture
Pierre Daveluy
Daniel Desjardins
Pascal Leprévost
Gérald Pomerleau
Joël Pomerleau
Caroline Rousseau
Alain Théroux
Esther Tremblay
Caroline Vien

Page couverture
Jean-François Bienvenue

Cartographie
HATRA Inc.
Cartes fournies gracieusement par la Société de transport de la Communauté urbaine de Montréal

Distribution

Distribution Ulysse
4176 Saint-Denis
Montréal, Québec
H2W 2M5
☎ (514) 843-9882
Fax : (514) 843-9448

France:
Vilo
25, rue Ginoux
75737 Paris, Cedex 15
☎ 1.45.77.08.05
Fax : 1.45.79.97.15

Belgique:
Vander
Av. des Volontaires, 321
B-1150 Bruxelles
☎ 02/762 98 04
Fax : 02/762 06 62

Suisse:
Diffusion Payot SA
Rue des Côtes de
Montbenon 30
Suisse CH 1002
☎ (021) 20.52.21
Fax : (021) 311.13.93

U.S.A.:
Ulysses Books and Maps
3 Roosevelt Terrace #13
Plattsburg, NY 12901
☎ (514) 843-9882
Fax : (514) 843-9448

Espagne:
Altaïr
Balmes 69
E-08007 Barcelona
☎ (34-3) 323-3062
Fax : (34-3) 451-25 59

Tout autre pays, contactez Distribution Ulysse (Montréal), Fax : (514) 843-9448
Other countries, contact Ulysses Books & Maps (Montréal), Fax : (514) 843-9448

Données de catalogage avant publication (Canada)

Vedette principale au titre :

Montréal en Métro

(Guide de voyage Ulysse)
Comprend des références bibliographiques et un index.

ISBN 2-921444-08-9

1. Stations de métro - Québec (Province) - Montréal. 2. Montréal (Québec) - Guides. 3. Art public - Québec (Province) - Montréal. I. Collection.

FC2947.18.M66 1992   917.14'28044   C92-096568-7   F1054.5.M8M66 1992

Bibliothèque nationale du Québec
Dépôt légal - Deuxième trimestre 1992
ISBN 2-921444-08-9

Nous tenons à remercier la Société de transport de la Communauté urbaine de Montréal (STCUM), sans qui la réalisation de ce guide aurait été impossible. Les cartes contenues dans cet ouvrage, le plan du réseau du métro figurant en couverture arrière et le sigle du métro sont ici reproduits avec la permission expresse de la STCUM.

Nous désirons également souligner la collaboration du Bureau de transport métropolitain de la Communauté urbaine de Montréal (BTM), qui nous a permis l'utilisation d'extraits de textes déjà publiés pour la conception des descriptions artistiques, architecturales et techniques des stations du métro que l'on retrouve dans cet ouvrage.

En terminant, nous souhaitons faire part de notre reconnaissance au Service de la planification du territoire de la Communauté urbaine de Montréal pour la permission accordée quant à l'utilisation d'extraits tirés de la brochure intitulée Tour toponymique : les stations de métro.

SOMMAIRE

INTRODUCTION

L e métro de Montréal constitue l'une des grandes fiertés des Montréalais. Son confort, sa rapidité et l'aspect unique de chacune de ses stations en font le choix de locomotion de bon nombre de résidents de la métropole.

À l'automne 1991, on a célébré son 25ᵉ anniversaire. C'est donc en 1966 que la première rame de métro prit le départ à Montréal. On projetait toutefois sa construction depuis des décennies déjà. Quand enfin fut prise la décision d'aller de l'avant avec ce projet d'envergure, on fit appel à des experts français de la Régie autonome des transports parisiens (RATP). Ceux-ci, cependant, de concert avec les concepteurs québécois, refusèrent de s'en tenir à une reproduction du métro de Paris et optèrent pour la conception d'un métro original, adapté aux besoins spécifiques de la métropole québécoise. Ainsi, le métro de Montréal se devait d'être entièrement souterrain, les trains rouleraient sur pneus exclusivement plutôt que sur rails, les voies se côtoieraient dans un tunnel unique, et chaque station présenterait une allure différente et un cachet particulier.

C'est cette dernière caractéristique, de même que ses liens avec la ville souterraine, qui fait du métro de Montréal une réalisation architecturale unique au monde. En effet, divers architectes se sont vus confier le mandat de dessiner les 65 stations que compte aujourd'hui le réseau. Des oeuvres d'art, réalisées par des artistes aussi prestigieux que Jean-Paul Mousseau, Jordi Bonet, Frédéric Back, Robert Lapalme, Marcelle Ferron et plusieurs autres, contribuent beaucoup à l'originalité et à la beauté du métro de Montréal. Au début, les oeuvres artistiques n'étaient ajoutées qu'une fois la station complétée, et ce, grâce à la participation de mécènes. À partir du milieu des années soixante-dix, lors des premiers prolongements du réseau initial, architectes et artistes sont choisis dès le départ afin qu'ils puissent travailler ensemble à la conception des stations, intégrant ainsi l'art et l'architecture.

Quant à la ville souterraine, c'est la construction de la Place Ville-Marie, en 1962, avec sa galerie commerciale en sous-sol, qui en marqua le point de départ. La venue du métro quelques années plus tard accéléra le développement de cette «cité sous la cité». Bientôt, la plupart des commerces, édifices à bureaux et hôtels du centre-ville seront stratégiquement connectés au réseau piétonnier souterrain et, par extension, au métro. Aujourd'hui, on remarque que six zones importantes forment cette ville souterraine, devenue entre-temps la plus grande du monde. La première se situe en plein coeur du réseau du métro, autour de la station Berri-UQAM; la seconde, qui est aussi la plus fréquentée, peut être identifiée aux stations McGill et Peel; la troisième, aux environs de la station Bonaventure, est en fait le point de départ de tout le réseau avec la Place Ville-Marie et sera reliée à la précédente dès l'automne 1992; la quatrième, entre les stations Place-des-Arts et Place-d'Armes, constitue un ensemble culturel exceptionnel; une cinquième dessert, à la station Square-Victoria, le centre des affaires; et finalement, on peut noter une sixième zone dans le secteur commercial entourant la station Atwater.

Le métro constitue le moyen de transport permettant les déplacements les plus rapides et les plus efficaces sur le territoire de Montréal. Il peut aussi devenir le moyen idéal de découvrir les autres richesses de la métropole. C'est dans cette optique que fut réalisé ce guide qui permet de faire d'une pierre deux coups : célébrer les 25 ans du métro et le 350ᵉ anniversaire de la fondation de Montréal. Chacune des stations est donc ici présentée avec ses caractéristiques architecturales et artistiques. Par la suite, les principaux attraits montréalais voisins de la station en vedette sont décrits avec force détails.

Afin d'orienter le lecteur vers les points les plus intéressants, une double classification des stations de métro a été imaginée. Tout d'abord, les étoiles (★) indiquent les stations les plus intéressantes de par leurs qualités propres (conception, oeuvres d'art intégrées à la station, ambiance, etc.) selon l'échelle suivante :

★	Intéressante
★★	Remarquable
★★★	Exceptionnelle

Les coeurs (♥), quant à eux, indiquent les stations les mieux entourées par des attractions touristiques, architecturales ou autres selon l'échelle suivante :

♥	Intéressante
♥ ♥	Remarquable
♥ ♥ ♥	Exceptionnelle

Tout au long des parcours, des «pauses-bouffes» invitent les promeneurs à se détendre dans de petits cafés ou restaurants sympathiques. Les lecteurs désirant pratiquer une activité précise ou découvrir un type d'attrait spécifique (l'art dans la rue par exemple) peuvent se référer au tableau de la page 282.

Finalement, un autre tableau, à la page 279, identifie les concepteurs de chacune des stations (architectes et artistes).

En date du 1er mai 1992, le prix d'un billet de métro s'élève à 1,60 $ (adultes) ou 0,80 $ (étudiants et personnes de l'âge d'or). Un carnet de six billets coûte 6,50 $ ou 2,70 $. La correspondance, disponible aux distributrices se trouvant dans les stations de métro, est valide pour une période de 90 minutes et permet de terminer un déplacement sans avoir à payer à nouveau. Des cartes mensuelles permettant un nombre illimité de passages sont également disponibles aux coûts de 41 $ ou 15,50 $.

BERRI-UQAM ★★ ❝ ♥ ❝

Ligne nº 1 (verte)   **Ligne nº 4 (jaune)**
Ligne nº 2 (orange)   **Ligne nº 5 (bleue)**

METRO

Origine du nom : Le nom initial de cette station, Berri-de-Montigny, fut changé en 1987 pour celui de Berri-UQAM. L'origine exacte du nom Berri, attribué à une voie dès 1818, demeure incertaine. On prétend que les terres de ce secteur, appartenant en 1669 à Migeon de Branssat, étaient appelées La Gauchetière et Berry. On ignore toutefois si cette dernière désignation rappelait la province française du même nom. Pour sa part, l'Université du Québec à Montréal (UQAM) accueillit ses premiers étudiants en 1969.

Date d'inauguration : 1966

Architectes : Longpré et Marchand

Cette station est le point de correspondance des lignes 1, 2 et 4. Le volume au-dessus des lignes 1 et 2 a permis l'implantation d'une galerie piétonnière souterraine. Depuis le point central de contrôle, cette mezzanine permet de rejoindre à couvert le Palais du Commerce et le Terminus Voyageur vers le nord, les Galeries de la Place Dupuis vers l'est, le campus de l'UQAM vers l'ouest, de même qu'un édicule situé à l'angle nord-est des rues Berri et Sainte-Catherine. L'unité architecturale intérieure est exprimée par l'emploi des mêmes matériaux de revêtement à tous les niveaux : pastilles de céramique gris pâle aux murs et carreaux de granit gris foncé aux planchers. On remarque trois fresques de Robert Lapalme au-dessus de l'entrée du passage conduisant de la ligne 1 à la ligne 4, illustrant de façon très animée les thèmes d'EXPO 67. Au-dessus de l'extrémité est du tunnel de la ligne 1, une verrière de Pierre Gaboriau et Pierre Osterrath rend hommage aux fondateurs de Montréal : Jérôme Le Royer de LaDauversière, Paul Chomedey de Maisonneuve et Jeanne Mance.

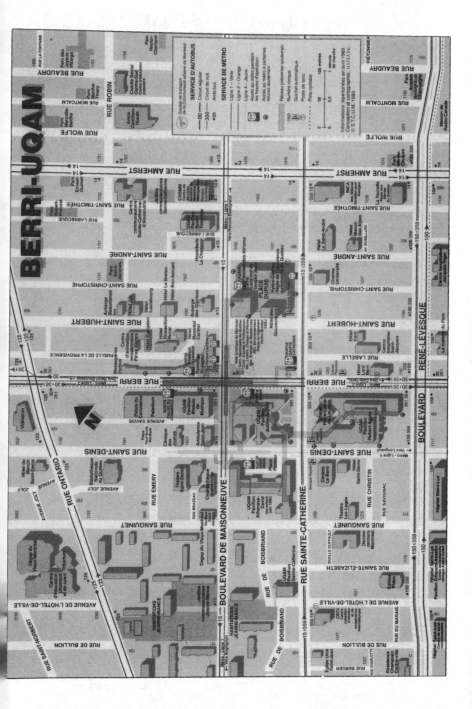

Aux alentours du métro Berri-UQAM

■ L'université du Québec à Montréal
405, rue Sainte-Catherine Ouest, ☎ *987-3000*

Installée depuis sa fondation en 1968 sur le site de l'ancienne cathédrale Saint-Jacques, dont le clocher et quelques murs datant de 1860 furent intégrés au campus principal, l'université du Québec abrite, en plus de nombreuses salles de cours, deux salles de spectacles, une galerie d'art, des boutiques coopératives pour les étudiants, une bibliothèque équipée d'un système informatisé de haut calibre (Badaduq) et un bar (l'Après-Cours). L'UQAM compte 38 779 étudiants.

Récemment, de grands travaux furent entrepris, faisant naître de nouveaux pavillons : le Pavillon de la Musique, celui des Sciences de la gestion et le Pavillon Athanas-David.

■ La place Pasteur
Sur Saint-Denis, au nord de Sainte-Catherine.

En 1823, l'évêque de Montréal reçut de Joseph Papineau un lopin de terre sur la rue Saint-Denis, faisant face à la cathédrale Saint-Jacques. La donation était assortie d'une condition voulant que l'endroit, alors appelé place Saint-Jacques, demeure public à perpétuité.

■ La chapelle Notre-Dame de Lourdes
430, rue Sainte-Catherine Est

Cette magnifique chapelle, propriété des sulpiciens, est l'oeuvre des architectes Napoléon Bourassa et Adolphe Lévesque. Elle fut inaugurée le 1er mai 1876 et revêt un style néo-byzantin. Bourassa, qui était également peintre (et aussi décorateur et romancier!), y réalisa de magnifiques fresques murales. Depuis 1978, la chapelle côtoie le complexe de l'université du Québec.

■ La rue Saint-Denis en bas

Paradis des cafés-terrasses durant les belles journées ensoleillées, et des soirées entre amis dans la cour intérieure d'un des nombreux petits bars, voilà le charme de la rue Saint-Denis au sud de Sherbrooke. Les amateurs de bouquins d'occasion s'en donneront à coeur joie, car les boutiques de livres usagés y pullulent. Cette portion de la rue est fermée à la circulation automobile pour la Saint-Jean-Baptiste, les 23 et 24 juin, lors du festival Juste pour Rire, ainsi que pour le festival de jazz.

■ La Cinémathèque québécoise
335, boul. de Maisonneuve Est, ☎ *842-9763*

Née de l'idée d'un groupe de cinéphiles passionnés en 1963, la Cinémathèque québécoise a pour mission de promouvoir la culture cinématographique, de créer des archives de cinéma et de télévision, d'acquérir et de conserver des films auxquels s'adjoindront recherches et documents, dans un but historique, pédagogique et artistique, dénué de toute vocation commerciale.

Chaque année, près de 10 000 personnes visitent la Cinémathèque, dont la moitié utilise son service de documentation riche de très nombreux films, productions télévisuelles et archives, mais aussi de 40 000 livres et dossiers, de 450 périodiques et de 100 000 dossiers de presse.

La collection même de la Cinémathèque est tout aussi impressionnante : 25 000 films québécois, canadiens et étrangers, une collection de films d'animation unique au monde, 13 000 affiches de cinéma, 300 000 photographies, plus de 500 appareils anciens datant de 1870 à nos jours (la seule collection du genre au Canada) et plus de 7 000 scénarios. Quant à l'édifice, il s'agit d'une ancienne école restaurée, conçue par l'architecte Vautrin en 1925. Il est possible d'assister quotidiennement à des films de répertoire dans la salle Claude-Jutra de la Cinémathèque pour un prix modique.

■ Le théâtre Saint-Denis
1594, rue Saint-Denis, ☎ 849-4211

Ce théâtre, construit en 1916 par Ernest Barrott, fut entièrement rénové il y a peu de temps par la firme Rucculo Faubert. Il contient deux salles, l'une de 2 300 places et l'autre de 940.

■ La Bibliothèque nationale du Québec
1700, rue Saint-Denis, ☎ 873-1100

De style Beaux-Arts, l'édifice Saint-Sulpice de la Bibliothèque nationale fut inauguré pendant la Première Guerre Mondiale (1915), mais on dut la fermer pendant près de dix ans en raison de la crise économique. Elle ne fut rouverte qu'en 1942. Sa façade et son intérieur furent rénovés au cours des années soixante. La décoration de l'intérieur de l'immeuble est raffinée, alternant les marbres verts, blancs et gris. La salle de lecture est agrémentée de 12 magnifiques verrières. Boiseries, mobilier de chêne, luminaires et torchères Art Déco complètent le décor. Le projet de construction de la bibliothèque, qui appartenait alors aux sulpiciens, fit l'objet d'un concours d'architecture en 1911, qui fut remporté par Eugène Payette.

Pause-bouffe

Le Pèlerin
330, rue Ontario Est, ☎ 845-0909

| lun | 8 h à 23 h | ven et sam | 8 h à 11 h |
| mar au jeu | 8 h à 24 h | dim | 8 h à 24 h |

Café fréquenté par les étudiants fauchés. On y mange bien, pour pas cher.

■ Le bar-théâtre Les Loges
1237, rue Sanguinet, ☎ 982-0740

Anciennement appelé l'Escabel, ce petit théâtre annexé à un bar fête ses 20 ans en 1992. À l'origine, son mandat était de promouvoir des oeuvres expérimentales. Aujourd'hui, le bar-théâtre a une vocation plus large, touchant autant la danse que le théâtre et les performances multi-média.

■ L'îlot Berri
L'îlot est délimité par les rues Sainte-Catherine, Berri, Saint-Hubert et de Maisonneuve

Aménagé dans le cadre du 350ᵉ anniversaire de Montréal, ce secteur est devenu un espace vert après avoir été un stationnement pendant de nombreuses années. Il faut dire que le quartier où il se trouve est en crise, habité par de nombreux itinérants et fréquenté par les prostituées depuis fort longtemps.

Or, voilà que les deniers publics servent à y aménager un parc. Le maître d'oeuvre du projet sculptural que l'on trouve sur la place, Melvin Charney, un architecte montréalais de renom, n'était pas indifférent à cette situation. Son oeuvre se veut d'ailleurs un questionnement sur l'utopie...

■ La Place Dupuis
800, boul. de Maisonneuve Est, ☎ 284-3566

Ce centre commercial occupe l'emplacement de l'ancien magasin Dupuis Frères, surnommé «le magasin du peuple canadien-français», par opposition aux magasins Simpson, Eaton, Ogilvy et Morgan qui ont fait les belles heures de l'ouest anglophone du centre-ville. Dupuis avait installé son magasin à l'angle des rues Saint-Hubert et Sainte-Catherine en 1882.

■ Le square Viger

Autrefois marché à foin (1837), puis îlot de verdure sans pareil avec de grands arbres, le square Viger fut inauguré en 1860. On y trouvait jadis de grandes serres, des étangs et des fontaines qui furent peu à peu abandonnées, jusqu'au moment où le secteur fut envahi par l'autoroute Ville-Marie. Il fit alors l'objet d'un douteux aménagement où prime le béton.

Le square honore la mémoire de Jacques Viger, qui devint le premier maire de Montréal, le 5 juin 1833. On lui doit la devise de la ville : «Concordia Salus», «le salut dans la concorde». On peut également y observer une oeuvre sculpturale de Théberge intitulée «Forces», datant de 1984.

Autour de ce lieu public, on notera la présence de la Maison de l'Union Française, centre culturel des immigrés français (au 201, rue Viger E.), de l'ancienne école des Hautes Études Commerciales avec sa façade Beaux-Arts (1907), ainsi que de l'ancienne gare Viger.

■ L'ancienne gare Viger
700, rue Saint-Antoine Est

Construite en 1897 par l'architecte new-yorkais Bruce Price, la gare Viger accueillait des voyageurs prenant le train pour Québec et la Gaspésie. Les étages supérieurs de cet édifice néo-gothique abritaient un hôtel de luxe du même panache que le château Frontenac à Québec. On le compare d'ailleurs souvent à un château de la Loire. La gare-hôtel ferma ses portes en 1935, cédant la place à des bureaux d'administration de la Ville de Montréal.

Station Berri-UQAM		
	dim au ven	**sam**
Vers Honoré-Beaugrand		
Premier départ	5 h 49	5 h 49
Dernier départ	0 h 58	1 h 28
Vers Angrignon		
Premier départ	5 h 45	5 h 45
Dernier départ	0 h 58	1 h 28
Vers Henri-Bourassa		
Premier départ	5 h 54	5 h 54
Dernier départ	0 h 58	1 h 28
Vers Côte-Vertu		
Premier départ	5 h 44	5 h 44
Dernier départ	0 h 58	1 h 28
Vers Longueuil		
Premier départ	5 h 30	5 h 30
Dernier départ	1 h 00	1 h 30

ÎLE-SAINTE-HÉLÈNE ★♥ ♥ ♥

Ligne n° 4 (jaune)

Origine du nom : C'est Samuel de Champlain qui, en 1611, nomma cette île en hommage à son épouse, née Hélène Boullé. François de Lauson, premier concessionnaire de l'île en 1635, la céda 30 ans plus tard à Charles Le Moyne. La famille Le Moyne de Longueuil en conserva la propriété jusqu'en 1818, puis la vendit au gouvernement britannique. Ce dernier y fit construire le fort, la poudrière et la casemate, à la suite de la guerre anglo-américaine de 1812. Devenue propriété du gouvernement canadien en 1870, l'île fut aménagée en parc public, inauguré le 25 juin 1874. L'île Sainte-Hélène a par la suite été considérablement agrandie (de 50 ha à 136 ha) lors des travaux d'aménagement d'EXPO 67.

Date d'inauguration : 1967

Architecte : Jean Dumontier

La position stratégique de cette station, lors de l'Exposition universelle de Montréal en 1967, a amené l'architecte à élaborer un concept architectural axé sur l'efficacité et la rapidité du transport des personnes. La station a donc été construite en tunnel dans le roc et son édicule, qui comprend la salle de contrôle, fut édifié en son centre. La disposition des escaliers et l'aménagement des quais ont été conçus de façon à faciliter la distribution de masse des passagers. Ainsi, la forme «entonnoir» de la station a rendu possible le transport de 60 000 passagers à l'heure durant l'exposition. Au niveau des quais, quatre fresques stylisées représentant des atlantes soutenant la voûte de ce volume ont été incrustées puis peintes de couleur ocre, dans le béton.

Aux alentours du métro Île-Sainte-Hélène

■ La biosphère
Île Sainte-Hélène

Érigée en 1966 par l'Américain Richard Buckminster Fuller en vue de l'Exposition universelle, la biosphère d'aluminium, avec ses 80 m de diamètre, est non seulement un des symboles de Montréal, mais également celui de l'Expo 67. On en fit même une réplique à Disney World, en Floride. Depuis l'incendie qui détruisit son revêtement translucide en 1978, le monument géant est à l'abandon, non sans que de nombreux projets de restauration surgissent régulièrement.

■ Le restaurant Hélène de Champlain
Île Sainte-Hélène, ☎ *395-2424*

L'édifice qui abrite aujourd'hui l'élégant restaurant Hélène de Champlain fut construit en 1937. Lors de l'exposition universelle de 1967, il joua le rôle de «Pavillon d'Honneur» destiné à recevoir les chefs d'États et les invités de marque.

■ Le parc des îles

Réaménagé dans le cadre du 350ᵉ anniversaire de Montréal, le parc des îles, situé sur la pointe ouest de l'île Sainte-Hélène, aura un visage beaucoup plus «naturel» avec le lifting environnemental qu'elle subit depuis la fin de 1991. On a planté sur ses berges de nombreuses plantes aquatiques et montérégiennes, et réaménagé complètement le lac des cygnes.

■ L'Homme
Île Sainte-Hélène

Construite en 1967 à l'occasion de l'Exposition universelle par Alexandre Calder, cette oeuvre est faite d'acier inoxydable, mesure 22 m de hauteur et pèse 60 tonnes. À la fois abstraite et symbolique, elle s'inspire du thème de Terre des Hommes, et symbolise la puissance, le mouvement et le progrès.

■ **Le musée David M. Stewart**
  Île Sainte-Hélène, ☎ *861-6701*

Situé dans le Vieux Fort de l'île Sainte-Hélène, ce musée transporte le visiteur dans l'histoire du Canada, avec ses collections uniques d'armes à feu, de documents anciens, d'ustensiles de cuisine et d'objets utiles à la vie quotidienne. En été, la compagnie Franche de la Marine et les Fraser Highlanders y recréent certaines manoeuvres militaires du XVIIIe siècle. Ouvert de 10 h à 17 h. Fermé le mardi.

■ **Le théâtre de la Poudrière**
  Île Sainte-Hélène, ☎ *954-1344*

Situé sur l'île Sainte-Hélène en bordure d'un étang, le bâtiment qui abrite un théâtre de 180 places est en fait une poudrière datant de 1822. On y retrouve une salle de réception de 200 places et un bar-terrasse bénéficiant d'un cadre champêtre.

■ **La Ronde**
  Île Sainte-Hélène, ☎ *872-6222*

Haut-lieu de montagnes russes vertigineuses (les plus hautes du monde) et de manèges ahurissants, la Ronde a vu le jour lors de l'Expo 67. De nombreux spectacles y sont offerts, et on y présente chaque été le concours international d'art pyrotechnique, où les plus grands artificiers du monde rivalisent de talent. Les enfants peuvent également s'en donner à coeur joie dans le village de Chnougui-Ville.

Les émotions fortes de la Ronde sont au rendez-vous de la fin mai à août, les vendredis et samedis de 11 h à 1 h; les autres jours de la semaine de 11 h à minuit; adultes : 17,25 $, enfants : 8 $, familles : 38,50 $).

■ **L'Aquaparc**
Île Sainte-Hélène, ☎ *872-6222*

Avec ses 21 glissades d'eau, sa grande piscine et son bain chauffant, l'Aquaparc représente le plus important parc d'amusement aquatique de la région. On retrouve tout autour des chaises longues, des bars, des terrasses et des restaurants.

■ **L'île Notre-Dame**
☎ *872-6093*

Cette île nantie de grands arbres, d'un centre de plein-air et de voile, d'un théâtre à ciel ouvert et d'une plage (adultes 7 $, enfants 2,50 $) n'est rien de moins qu'artificielle. Elle fut en effet construite de toutes pièces en vue de l'Expo 67. L'architecture étonnante du Palais de la Civilisation, ancien pavillon de la France, nous rappelle cet événement. On y présente à l'occasion des expositions d'envergure. Ainsi, en 1992, c'est «Rome, 100 ans de civilisation» qui tient l'affiche (tous les jours de l'été de 10 h à 22 h; entrée 12,50 $). La Fête des Neiges, quant à elle, fait la joie de tous à la fin du mois de janvier.

■ **Le théâtre des Lilas**
Île Notre-Dame, ☎ *872 6211*

Ce théâtre en plein air d'une capacité de 3 000 personnes propose des spectacles variés allant de la danse sociale au chant gospel.

■ **Le circuit Gilles-Villeneuve**
Île Notre-Dame, ☎ *392-0000*

Nommé ainsi en l'honneur d'un coureur automobile québécois décédé en pleine gloire au début des années quatre-vingt, le circuit Gilles-Villeneuve accueille chaque année le «Grand Prix du Canada», où s'affrontent les grands noms de la Formule 1.

Station Île-Sainte-Hélène		
	dim au ven	**sam**
Vers Berri-UQAM		
Premier départ	5 h 32	5 h 32
Dernier départ	1 h 02	1 h 32
Vers Longueuil		
Premier départ	5 h 32	5 h 32
Dernier départ	1 h 02	1 h 32

Où est passé la ligne 3?

Le tracé du métro de Montréal a subi, dès ses débuts, d'importantes modifications. Ainsi, dans le projet de 1953, le tracé comportait trois lignes, soit les lignes 1 et 2, de même qu'une ligne 3. La ligne 4 ne figurait alors pas dans les plans.

La mystérieuse ligne 3 devait se composer de 15 stations et emprunter les voies du Canadien National et leur tunnel sous le mont Royal pour aboutir à Cartierville. Ce projet fut d'abord différé à cause de la complexité des négociations avec le Canadien National et les villes situées le long du parcours. Cette solution aurait de plus engendré d'importants coûts d'aménagement supplémentaires. En effet, tel qu'il avait été conçu, le métro de Montréal devait utiliser un matériel roulant sur pneumatique; la ligne 3 aurait exigé quant à elle des trains réguliers sur roues d'acier.

Puis, juste au moment où l'on réfléchissait sur l'avenir de cette ligne, la nouvelle voulant que Montréal soit l'hôte d'une exposition universelle arriva. La municipalité décida donc de construire la ligne 4 afin de desservir les îles Sainte-Hélène et Notre-Dame où se tiendrait l'exposition, en même temps que la Rive-Sud. La ligne 4 venait donc remplacer la ligne 3, dont le projet fut ainsi abandonné.

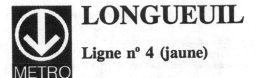

LONGUEUIL

Ligne n° 4 (jaune)

Origine du nom : On a avancé diverses explications quant à l'origine du nom de Longueuil. L'abbé Faillon a fourni l'explication la plus plausible. Selon lui, Charles Le Moyne (1626-1685), propriétaire de la seigneurie à partir de 1657, prit le nom de Longueuil d'un village de Normandie (aujourd'hui chef-lieu d'un canton dans l'arrondissement de Dieppe), sa patrie. Pour sa part, Jacques Viger croyait que «long-oeil» faisait référence à la vue très étendue sur le Saint-Laurent qu'offre ce lieu. Ce nom spécifique désigne actuellement la ville de Longueuil et la station de métro.

Date d'inauguration : 1967

Architecte : Jean Dumontier

Située sur la rive sud du fleuve Saint-Laurent, face à Montréal, cette station est la seule à être érigée hors du territoire de la Communauté urbaine de Montréal. En tant que station de tête de ligne, c'est elle qui servit à amener les visiteurs de la Rive-Sud et des États-Unis sur le site d'Expo 67. Aujourd'hui, la station Longueuil est devenue un important centre multifonctionnel autour duquel gravitent, entre autres, un terminus d'autobus pour le transport local et régional, un immense stationnement automobile, une centaine de commerces et de bureaux installés dans l'édicule et sur les deux étages supérieurs, un réseau d'autoroutes, un poste de taxis, un hôtel et plusieurs tours d'habitation et de bureaux dont certaines sont reliées à la station par une passerelle. Côté architecture, on a opté pour l'efficacité à cause de la grande affluence de passagers. La structure est ainsi faite de béton avec revêtement de blocs vernissés de couleur jaune au niveau des quais et du quartzite italien jaune, orangé et blanc recouvre les sols.

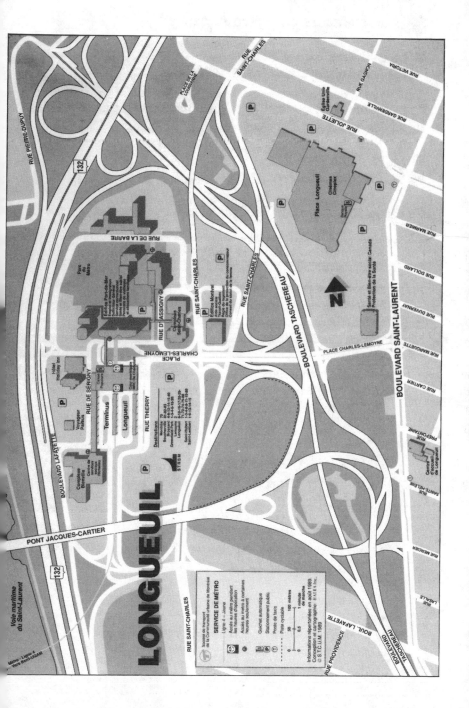

Aux alentours du métro Longueuil

■ **Le complexe Saint-Charles**
1111, rue Saint-Charles, ☎ *679-1982*

Construit en 1987, cet édifice relié au métro par une passerelle abrite des bureaux et des commerces.

■ **La Place Longueuil**
825, rue Saint-Laurent, ☎ *679-3840*

Ce centre commercial de 140 boutiques fut construit en 1966.

Station Longueuil		
	dim au ven	sam
Vers Berri-UQAM		
Premier départ	5 h 30	5 h 30
Dernier départ	1 h 00	1 h 30

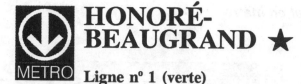

HONORÉ-BEAUGRAND ★

Ligne n° 1 (verte)

Origine du nom : Après avoir participé à la campagne mexicaine de 1865 dans l'armée de Napoléon III, Honoré Beaugrand (1849-1906) fit du journalisme en Europe et aux États-Unis. De retour à Montréal, il fonda le journal La Patrie en 1879. Il fut maire de Montréal de 1885 à 1887.

Date d'inauguration : 1976

Architecte : Yves Bernard

Terminus de la ligne n° 1 vers l'est, la station Honoré-Beaugrand se distingue, au niveau de la rue, par un ensemble de bâtiments occupant le carrefour des rues Sherbrooke et Honoré-Beaugrand. En effet, en plus des trois accès placés de part et d'autre de la rue Sherbrooke, deux puits de lumière et de ventilation ont été érigés sur le côté nord de cette voie. Ici, l'aspect fonctionnel prédomine. Ainsi, tous les édicules convergent vers une vaste salle-des-pas-perdus souterraine menant aux contrôles puis aux quais par deux escaliers monumentaux égayés de murales symétriques aux couleurs inversées, l'une à dominance rouge, l'autre à dominance bleu. Ces murales sont une réalisation de Jean-Paul Mousseau. Au niveau des quais, les murs s'élargissent progressivement vers les sorties, tandis que les plafonds montent et descendent pour briser visuellement la longueur disproportionnée des planchers. Ceux-ci sont revêtus de tapis de carreaux de grès-cérame bruns bordés de granit pâle rythmant la circulation des usagers. Les murs ont été recouverts d'une frise de béton exprimant le mouvement et le dynamisme du transport en commun par un pliage en relief.

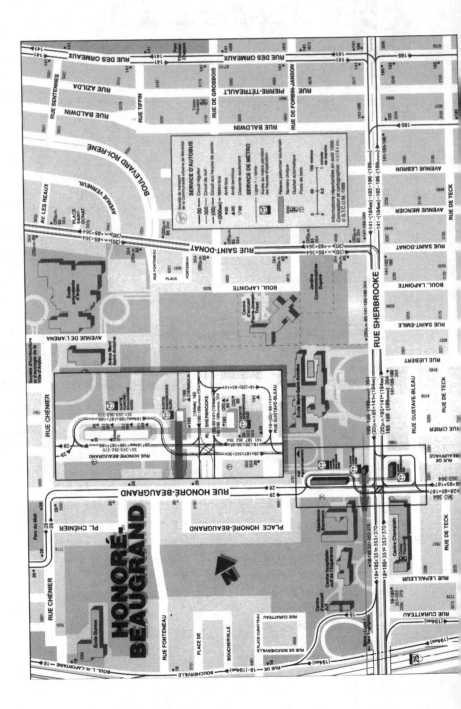

Aux alentours du métro Honoré-Beaugrand

■ L'école Mont-Saint-Antoine
8147, rue Sherbrooke Est, ☎ *351-4000*

Ce centre de réadaptation, un des plus anciens et des plus imposants au pays, loge plus de 200 jeunes résidents. Un nombre équivalent d'usagers le fréquentent le jour. L'école Mont-Saint-Antoine fut fondée en 1867. Elle était alors située sur l'emplacement de l'actuel terminus Voyageur (métro Berri-UQAM). Elle déménagea sur la rue Sherbrooke en 1932.

■ La résidence Biermans
7905, rue Sherbrooke Est, ☎ *351-9891*

Ce centre d'accueil public fut construit en 1956. Près de 250 personnes âgées autonomes ou handicapées y vivent. Cette résidence dispose d'un système avant-gardiste de prévention des incendies. Ainsi, lorsqu'un détecteur de fumée est activé, le numéro de la chambre où se produit l'incident apparaît sur le télé-chasseur de chaque employé du centre...

■ Le Centre hospitalier juif de l'espérance
7745, rue Sherbrooke Est, ☎ *352-3120*

Cet hôpital, qui se consacre exclusivement aux malades en phase terminale, existe en cet endroit depuis 50 ans et compte 132 lits. On prévoit qu'il sera démoli en avril 1993 pour céder sa place à un complexe immobilier. Le Centre déménagera sur le chemin de la Côte Sainte-Catherine, dans un quartier où la population juive est très importante.

Station Honoré-Beaugrand		
	dim au ven	sam
Vers Angrignon		
Premier départ	5 h 30	5 h 30
Dernier départ	0 h 38	1 h 08

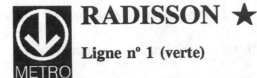

RADISSON ★

Ligne n° 1 (verte)

Origine du nom : Pierre-Esprit Radisson (vers 1640-1710) fit de nombreuses expéditions dans la région des Grands Lacs et dans celle de la baie d'Hudson, tant pour le compte de la France que de l'Angleterre. Médard Chouart Des Groseilliers, l'époux de sa demi-soeur, l'accompagna dans la majeure partie de ses périples. Les deux compagnons jouèrent un rôle important dans la création de la Compagnie de la Baie d'Hudson. En 1687, Radisson retourna définitivement en Angleterre où il finit paisiblement ses jours en 1710. Les noms de Radisson et de Des Groseilliers ont été attribués à deux voies parallèles du quartier de Mercier en 1954.

Date d'inauguration : 1976

Architectes : Papineau, Gérin-Lajoie, Le Blanc, Edwards

Située sous la rue Sherbrooke, près de la rue Radisson, cette station se distingue par une structure architecturale qui imite la forme des voitures de métro. Ainsi, des trois édicules jusqu'aux quais, tous les plafonds, d'un niveau assez bas, ont une forme arrondie. L'éclairage, dissimulé principalement dans le béton, renforce l'impression de circuler dans un wagon. Les quais ont été construits en tunnel dans le roc alors que le grand volume a été érigé à ciel ouvert. Celui-ci, s'élevant au milieu de la station, regroupe en son centre les escaliers menant à la mezzanine. De là, l'espace central, empruntant lui aussi la forme d'un wagon, se révèle tout entier. Tous les murs et les plafonds sont constitués de béton. Des bandes d'acier inoxydable guident les voyageurs dans la station tout en servant de main courante.

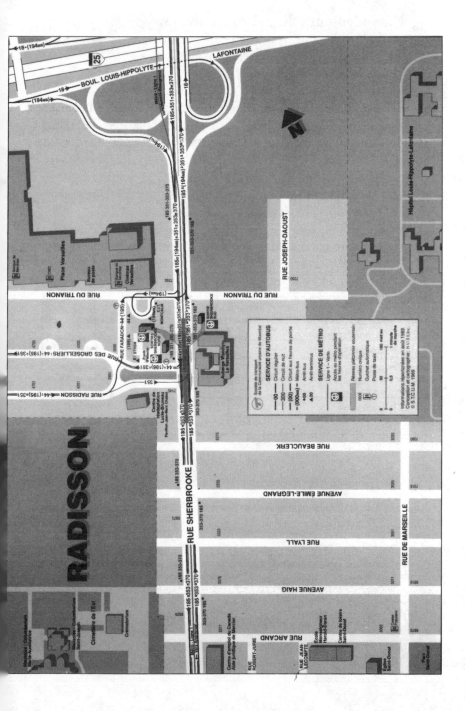

Aux alentours du métro Radisson

■ L'hôpital Louis-Hippolyte-Lafontaine
7401, rue Hochelaga, ☎ *251-4030*

Cette institution psychiatrique de renom, fondée par des religieuses en 1873, dispose de près de 1500 lits. Le poète montréalais Émile Nelligan (1879-1941) y fut interné de 1925 jusqu'à son décès.

■ La Place Versailles
7275, rue Sherbrooke Est, ☎ *353-5940*

Ce grand centre commercial compte 235 boutiques et restaurants.

Station Radisson		
	dim au ven	sam
Vers Honoré-Beaugrand		
Premier départ	6 h 04	6 h 04
Dernier départ	1 h 12	1 h 42
Vers Angrignon		
Premier départ	5 h 31	5 h 31
Dernier départ	0 h 39	1 h 09

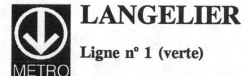

LANGELIER

Ligne n° 1 (verte)

Origine du nom : *Sir François-Charles-Stanislas Langelier (1838-1915), avocat et juge en chef du Québec (1906), joua un rôle actif dans la vie politique de son époque à titre de ministre des Terres et trésorier de la province de Québec (1878-1879), de maire de la ville de Québec (1882-1890) et de lieutenant-gouverneur de la province de Québec (1911). Le nom de Rue Langelier, attribué en 1914, fut changé en Boulevard Langelier en 1968.*

Date d'inauguration : 1976

Architectes : Victor Prus et André G. Dionne

Cette station, située au croisement de la rue Sherbrooke et du boulevard Langelier, est un bon exemple d'une période où le béton surpassait tous les autres matériaux dans l'esprit des architectes. La station Langelier a en effet été conçue comme une grande structure de béton. Elle comporte trois accès qui convergent vers une voûte cylindrique au niveau de la mezzanine. Tous les murs sont revêtus d'éléments préfabriqués en béton avec sièges intégrés. De part et d'autre des quais, deux grilles sculpturales camouflent habilement les bouches de ventilation. Elles sont composées de sept rectangles verticaux tridimensionnels au milieu desquels une ouverture circulaire permet d'admirer les multiples couleurs de l'oeuvre. C'est une réalisation de Charles Daudelin.

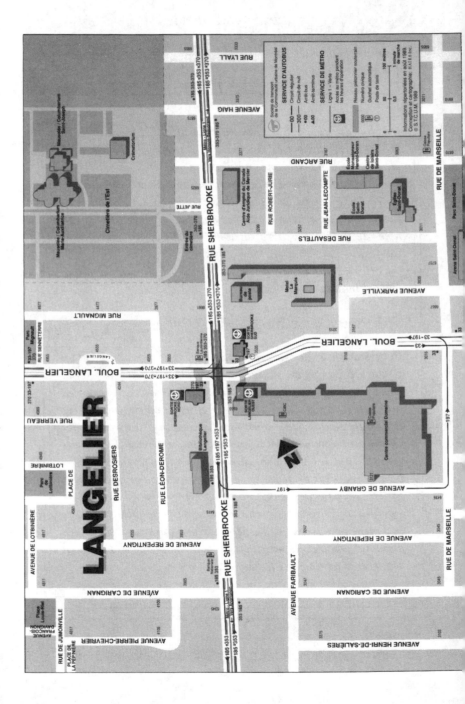

Aux alentours du métro Langelier

■ **Le cimetière de l'Est**
6893, rue Sherbrooke Est, ☎ *255-6444*

Ce cimetière, aujourd'hui appelé le Repos Saint-François-d'Assise, a été créé en 1916, et occupe un terrain couvrant une superficie de 750 000 m², ce qui en fait l'un des plus grands au Québec. Près de 200 000 personnes y ont trouvé le repos éternel.

Station Langelier		
	dim au ven	**sam**
Vers Honoré-Beaugrand		
Premier départ	6 h 03	6 h 03
Dernier départ	1 h 11	1 h 41
Vers Angrignon		
Premier départ	5 h 32	5 h 32
Dernier départ	0 h 40	1 h 10

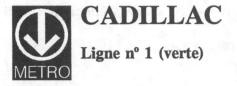

CADILLAC

Ligne n° 1 (verte)

METRO

Origine du nom : La rue de Cadillac rappelle la mémoire d'Antoine Laumet dit de Lamothe Cadillac (1658-1730), truculent personnage de l'histoire de la Nouvelle-France qui s'attribua lui-même le nom «de Lamothe, sieur de Cadillac». Après avoir voyagé et assumé le commandement de diverses régions, il fut finalement nommé gouverneur de la Louisiane en 1710, mais il préféra rentrer en France. Il vint finalement en Louisiane en 1713, puis rentra définitivement en France quatre ans plus tard.

Date d'inauguration : 1976

Architectes : Longpré, Marchand, Goudreau, Dobush, Stewart et Bourke

Cette station est située sous la rue Sherbrooke, à l'intersection de la rue Cadillac. Conçus selon un plan carré, deux édicules identiques, érigés de part et d'autre de l'artère principale, donnent accès à une mezzanine de forme rectangulaire. Les matériaux se résument au béton, sur les murs et les plafonds; au granit, principalement sur les planchers; et à l'acier inoxydable pour les kiosques des services, les balustrades et les mains courantes. Sur les murs des couloirs d'accès, au niveau de la mezzanine, sont disposées des oeuvres de l'artiste Jean Cartier. Ces murales sont composées de tuiles à motifs ovales où prédominent les jaunes du côté sud et les bleus du côté nord.

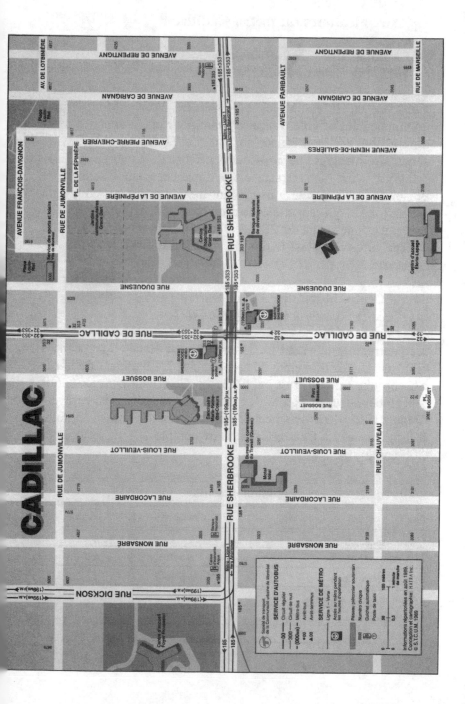

Aux alentours du métro Cadillac

■ Le sanctuaire Marie-Reine-des-Coeurs
5875, rue Sherbrooke Est, ☎ 254-5376

Construit en 1960 par les Pères et les Frères Montfortain, communauté d'origine française ayant pour but «l'annonce de la bonne nouvelle concernant le rôle de la Vierge Marie», le sanctuaire Marie-Reine-des-Coeurs célèbre de nombreux offices religieux, aussi bien les samedis et dimanches que la semaine et en soirée. L'architecture de ce haut-lieu de prière est étonnante par sa forme, qui rappelle celle d'un haut-parleur. On y retrouve également une statue du Père de Montfort offrant son coeur à la Vierge, illustrant ainsi le don de soi à Jésus-Christ par le biais de Marie.

■ Le Centre hospitalier Grace-Dart
6085, rue Sherbrooke est, ☎ 256-9021

Ce centre hospitalier fut fondé en 1907 par Henry Dart, dont la fille, Grace, était atteinte de tuberculose. Le bâtiment de la rue Sherbrooke fut construit en 1932. Le Centre se consacra donc aux tuberculeux jusqu'à ce que cette maladie fut enrayée. Depuis 1965, l'établissement reçoit des gens nécessitant des soins à long terme. Le Centre Grace Dart compte 101 lits et près de 200 employés.

Station Cadillac		
	dim au ven	sam
Vers Honoré-Beaugrand		
Premier départ	6 h 01	6 h 01
Dernier départ	1 h 10	1 h 40
Vers Angrignon		
Premier départ	5 h 33	5 h 33
Dernier départ	0 h 41	1 h 11

METRO

L'ASSOMPTION

Ligne nº 1 (verte)

Origine du nom : C'est en 1951 qu'on changea le nom de l'avenue Poulin en celui d'avenue de l'Assomption afin de commémorer la proclamation du dogme catholique de l'Assomption en 1950. Le générique boulevard a été donné à cette voie en 1954.

Date d'inauguration : 1976

Architectes : Duplessis et Labelle

Adjacente au boulevard de l'Assomption dont elle emprunte le nom, cette station est une immense structure de béton de forme irrégulière, s'étageant sur quatre niveaux. Un seul édicule permet l'accès au grand volume via un couloir et des escaliers fixes et mobiles. Afin d'assurer au voyageur une facilité optimale d'orientation, les concepteurs de la station ont imaginé un angle de vision élargi, à partir du sommet des escaliers mobiles. Le voyageur peut ainsi apercevoir, dès la première marche, son point ultime d'arrivée. Les murales décoratives de Guy Montpetit, hautes en couleurs, viennent animer l'intérieur de l'édicule ainsi que les murs du corridor menant aux escaliers mobiles.

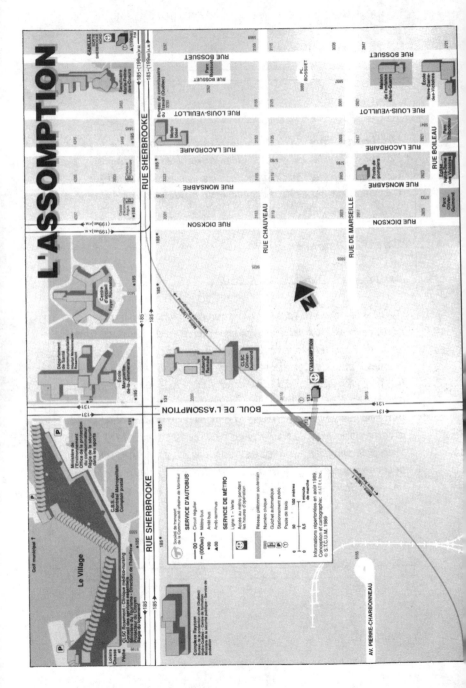

Aux alentours du métro l'Assomption

■ **Le village olympique**
5199, rue Sherbrooke Est, ☎ *252-4970*

Le village fut construit en 1976 par les architectes d'Astous et Durand. Lors des olympiades, cette année-là, près de 9 000 athlètes et accompagnateurs y furent logés. Aujourd'hui transformées en appartements de luxe, les deux pyramides qui composent la structure abritent environ 2 000 personnes.

Ce complexe, inspiré d'un projet résidentiel de la Côte d'Azur, compte également deux étages de bureaux, un centre de conditionnement physique, une clinique médicale, et un vaste stationnement.

Station L'Assomption		
	dim au ven	sam
Vers Honoré-Beaugrand		
Premier départ	6 h 00	6 h 00
Dernier départ	1 h 08	1 h 38
Vers Angrignon		
Premier départ	5 h 34	5 h 34
Dernier départ	0 h 43	1 h 13

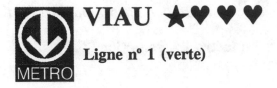

VIAU ★ ♥ ♥ ♥

Ligne n° 1 (verte)

Origine du nom : La rue Viau a été nommée ainsi en 1922 en mémoire de Charles-Théodore Viau (1843-1898), fondateur de la biscuiterie bien connue et insigne bienfaiteur de la paroisse de Saint-Clément. Vers 1890, il avait acquis et subdivisé trois terres de la partie est de l'actuel quartier de Maisonneuve. Ce secteur était d'ailleurs communément appelé Viauville.

Date d'inauguration : 1976

Architecte : Irving Sager

La station Viau est située à l'angle nord-ouest de la rue Viau et du boulevard Pierre-de-Coubertin, tout près du complexe olympique. Construite à ciel ouvert, elle ne comprend qu'un seul édicule qui, intégré au grand volume, donne accès directement aux quais via des escaliers fixes. D'aspect monumental, cet édicule fait environ 60 m sur 27 et comprend deux entrées principales. Sur l'un de ses murs, une murale en céramique, turquoise et jaune, agrémente l'espace face aux contrôles. Pour la réaliser, Jean-Paul Mousseau s'est inspiré des jeux olympiques (on croit distinguer la tour du stade). Les murs sont principalement composés de béton à texture verticale et les planchers sont recouverts d'un carrelage de céramique dans les tons de brun.

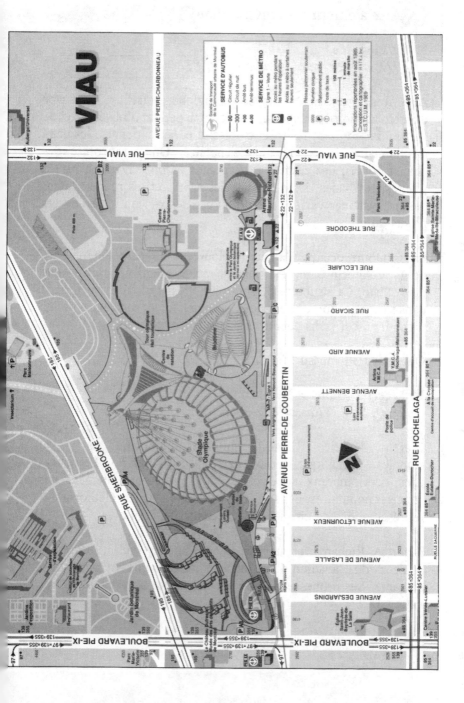

Aux alentours du métro Viau

■ **Le Biodôme**
4777, av. Pierre-de-Coubertin, ☎ *872-3034*

À la fois jardin botanique et zoologique, aquarium et centre d'interprétation de la nature, le Biodôme permet d'observer et de se familiariser avec les forêt tropicales et laurentiennes, les eaux du Saint-Laurent et le monde polaire. On y rencontre des chauve-souris, des castors et de grands hérons vivant parmi les plantes, les lianes, les cascades, les arbres et les rochers, dans des écosystèmes variés, tels qu'on peut en rencontrer en divers points du globe.

Le Biodôme occupe l'ancien Vélodrome du parc Olympique, dont l'architecture impressionnante rappelle la forme d'un casque de cycliste. La structure de son toit hémisphérique est originale dans sa conception : elle repose essentiellement sur quatre points d'appui au sol, sans aucun pilier intermédiaire.

Ouverture prévue du Biodôme : juin 1992.

■ **L'aréna Maurice Richard**
2800, boul. Viau, ☎ *872-6666*

L'aréna Maurice Richard, qui fait aujourd'hui partie du complexe olympique, fut construit en 1961 par J.J. Perreault. Lieu de nombreux spectacles, on y présente également des concerts populaires, des soirées symphoniques, des téléthons, des représentations de cirques et des rencontres publiques.

Maurice Richard fut une étoile du hockey qui a porté les couleurs du Canadien de Montréal dans les années cinquante et soixante. Ses prouesses au jeu ont fait de lui un véritable héros national.

■ **Le centre Pierre-Charbonneau**
3000, boul. Viau, ☎ *872-6644*

La gymnastique, la musculation et le badminton ne sont que quelques-unes des nombreuses activités sportives que l'on peut pratiquer au centre Pierre-Charbonneau. Des séances de conditionnement physique pour les plus de 55 ans y sont également offertes. De plus, la Ville de Montréal y propose entre autres, des cours d'aquarelle, de danse baladi, de ballet-jazz et de céramique.

■ **Le parc Maisonneuve**

C'est dans ce parc de 212 ha délimité par les rues Viau, Pie-IX, Sherbrooke et Rosemont, que se trouvent le jardin botanique (p 50), l'insectarium (p 50) et le golf municipal (voir plus bas). Une piste cyclable, une aire de pique-nique et un casse-croûte agrémentent les belles journées estivales passées dans ce parc. L'hiver, cinq pistes de ski de randonnée et une patinoire (ouverte de 9 h à 22 h) sont à la disposition des sportifs.

■ **Le golf municipal**
☎ *872-1143*

Ce golf de neuf trous est le seul accessible par les transports en commun à Montréal. On y accède par le boul. Viau, au nord de la rue Sherbrooke.

Station Viau		
	dim au ven	**sam**
Vers Honoré-Beaugrand		
Premier départ	5 h 59	5 h 59
Dernier départ	1 h 07	1 h 37
Vers Angrignon		
Premier départ	5 h 36	5 h 36
Dernier départ	0 h 44	1 h 14

PIE-IX ★♥ ♥ ♥

Ligne n° 1 (verte)

METRO

Origine du nom : Pie IX, né Giovanni Maria Mastaï Ferreti (1792-1878), fut le 253ᵉ pape, de 1846 à 1878. Il proclama le dogme de l'Immaculée Conception de Marie (8 décembre 1854) et il réunit le Iᵉʳ concile du Vatican qui proclama le dogme de l'Infaillibilité papale (1870). Son nom désigne également un boulevard ainsi que le pont franchissant la rivière des Prairies dans l'axe de ce boulevard.

Date d'inauguration : 1976

Architecte : Marcel Raby

La station Pie-IX, construite à ciel ouvert à l'intersection du boulevard Pie-IX et de la rue Pierre-de-Coubertin, agit surtout comme desserte principale du stade Olympique. Elle comprend deux édicules, situés de part et d'autre du boulevard Pie-IX, permettant l'accès à une vaste salle de contrôle, au niveau de la mezzanine. La forme arrondie de l'édicule s'harmonise aux formes circulaires du stade Olympique et du Biodôme. Tous les murs ont été fabriqués en béton apparent à nervures verticales éclatées, créant ainsi un effet de rideau. Des tuiles de carrière aux teintes nuancées d'ocre servent de revêtement à la plupart des planchers. Coulée à même le mur sud de la mezzanine, une murale de béton, signée Jordi Bonet, est constituée de trois bas-reliefs, au centre desquels se trouve un personnage mythologique en aluminium. Cette murale symbolise une grande devise des athlètes : «plus loin, plus haut, plus vaillamment». Sur le mur ouest des escaliers menant aux quais, une grille décorative dissimule une bouche de ventilation. Cette grille est formée de plaques verticales reliées par des tubes de différentes profondeurs arborant les couleurs des Jeux Olympiques.

Aux alentours du métro Pie-IX

■ L'église Saint-Jean-Baptiste-de-Lasalle
2523, boul. Pie IX

Construite en 1963 par les architectes Lemay, Leclerc et Trahan, cette église est un bel exemple du courant architectural de l'époque. Elle reçut le premier prix du conseil national d'esthétique industrielle en 1967.

■ Le stade Olympique
4141, av. Pierre-de-Coubertin, ☎ *252-4141*

Construit en vue des Jeux Olympiques de 1976, le stade fut conçu par l'architecte Roger Taillibert. Son parachèvement fut long et pénible, et les coûts de réalisation dépassèrent le milliard de dollars. Quoi qu'il en soit, le stade est nanti de la plus haute tour inclinée au monde et il peut accueillir une foule d'environ 60 000 spectateurs. De forme elliptique, il est soutenu par 34 consoles de forme identique. Quant à l'anneau qui domine, il sert d'élément stabilisateur, tout en diffusant l'éclairage, la sonorisation, la ventilation et le chauffage. Son toit rétractable fait par ailleurs figure de proue en matière d'architecture moderne, et ce, malgré la fait qu'il accuse certaines défaillances; au point d'ailleurs qu'on vient d'opter pour son remplacement par un toit fixe.

Outre les joutes des Expos de Montréal, on présente au stade de nombreuses expositions d'envergure, des concerts ainsi que des démonstrations de véhicules motorisés. Jusqu'à tout récemment, ses voisins immédiats, la piscine et le vélodrome, formaient avec lui le parc Olympique, un des plus vastes complexes sportifs au monde. Le vélodrome subit présentement des transformations qui en feront sous peu un biodôme.

Il est possible de visiter les installations olympiques tous les jours, de 11 h à 14 h avec un guide. Admission : 7 $ pour les adultes; 6 $ pour l'âge d'or et 5,50 $ pour les moins de 17 ans.

Le funiculaire est accessible du mardi au dimanche de 10 h à 18 h et le lundi de midi à 18 h.

La piscine (☎ 252-4622) est ouverte de 9 h 30 à 14 h du lundi au vendredi pour les adultes, et de 14 h à 16 h 30 pour tous. L'admission est de 3 $ pour les adultes et de 2 $ pour les enfants.

■ Le Château Dufresne
2929, rue Jeanne d'arc, ☎ *259-2575*

Au sud-ouest du jardin botanique, à l'intersection du boul. Pie-IX et de la rue Sherbrooke, se trouve le Château Dufresne, un ancien manoir qui abrite aujourd'hui le musée d'art décoratif. Il fut construit en 1910 pour les frères Dufresne, un ingénieur et un industriel, deux des pionniers de l'essor que devait connaître Montréal. On y présente des expositions temporaires sur l'art décoratif. Le musée est ouvert du mercredi au dimanche, de 11 h à 17 h; entrée 3 $.

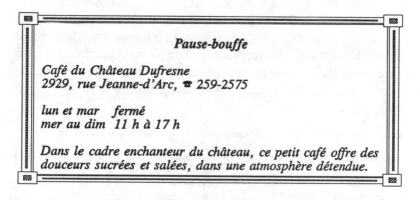

Pause-bouffe

Café du Château Dufresne
2929, rue Jeanne-d'Arc, ☎ *259-2575*

lun et mar   fermé
mer au dim 11 h à 17 h

Dans le cadre enchanteur du château, ce petit café offre des douceurs sucrées et salées, dans une atmosphère détendue.

■ Le jardin botanique
4101, rue Sherbrooke Est, ☎ *872-1400*

Deuxième plus grand jardin botanique en importance au monde après celui de Londres, on y trouve un jardin chinois du XV° siècle, un jardin japonais, une dizaine de serres d'exposition, des milliers d'orchidées, plus de 25 000 espèces et variétés florales dans une trentaine de jardins, et une collection unique de bonsaïs et de penjings.

L'idée d'un tel jardin revient au Frère Marie-Victorin, botaniste, qui en choisit le site en 1932. Le pavillon principal, de style art déco, fut terminé en 1937, et c'est en 1954 que fut dévoilée la statue du Frère Marie-Victorin, oeuvre de Sylvia Daoust. Horaires et tarifs variables.

■ L'Insectarium
4101, rue Sherbrooke Est, ☎ *872-8753*

L'Insectarium, situé à l'intérieur du jardin botanique, est ouvert tous les jours, de 9 h à 18 h; entrée 4 $. Il s'agit d'un édifice en forme d'abeille exposant des insectes de toutes les tailles et de toutes les formes. On cherche principalement à intéresser les enfants, mais les adultes en apprendront tout autant, comme par exemple le fait que la mouche domestique possède plus de 5 000 muscles!

Station Pie-IX		
	dim au ven	sam
Vers Honoré-Beaugrand		
Premier départ	5 h 57	5 h 57
Dernier départ	1 h 06	1 h 36
Vers Angrignon		
Premier départ	5 h 37	5 h 37
Dernier départ	0 h 46	1 h 16

JOLIETTE

Ligne nº 1 (verte)

Origine du nom : Barthélemy Joliette (1789-1850), notaire à l'Assomption, fut représentant à la Chambre d'Assemblée (1820 et 1830-1832), puis membre du Conseil législatif où il siégea jusqu'à sa mort. Administrateur de la seigneurie de Lanaudière, en raison de son mariage avec Marie-Charlotte Tarieu de Lanaudière, et seigneur de Lavaltrie, il fonda au milieu des années 1820 le village de L'Industrie, aujourd'hui Joliette.

Date d'inauguration : 1976

Architecte : Marcel Raby

La station Joliette se situe sous la rue Hochelaga entre les rues Joliette et de Chambly. Construite principalement en tunnel dans le roc et partiellement en tranchée ouverte, elle comporte deux édicules qui aboutissent à une mezzanine commune. De la brique jaune pâle accompagnée de pastilles de céramique or et rouge tapissent les murs. Les planchers sont pour leur part recouverts de pastilles de céramique brune. Au centre de la mezzanine, face au contrôle, un vitrail arbore des motifs constitués de billes de verre coloré intégrées à une surface réfléchissante en acier inoxydable poli. Cette oeuvre de l'architecte Marcel Raby illustre de manière abstraite les mouvements du soleil.

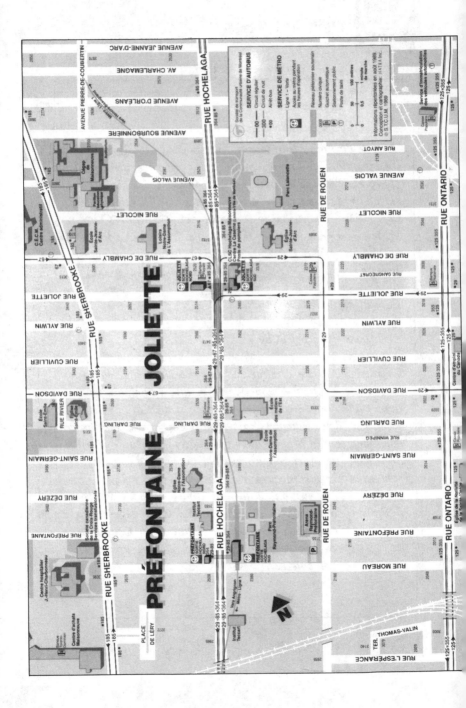

Aux alentours du métro Joliette

■ Le centre La Caserne
2486, rue de Chambly, ☎ *872-4753*

Géré par le Centre culturel et sportif de l'Est, cette ancienne caserne de pompiers est équipée d'une salle de musculation et d'un grand gymnase. De nombreuses activités s'y tiennent périodiquement. Ce centre abrite de plus une clinique de vaccination pour les poupons (CLSC Maisonneuve).

■ Le Resto-Pop
3532, rue Adam, ☎ *521-4089*

Initiative de personnes sans emploi, ce restaurant vise à aider les plus démunis en offrant des repas à prix modiques réalisés grâce au concours de bénévoles issus de ce même milieu défavorisé. C'est à cet endroit que fut tourné le film *Au chic Resto-Pop* de la réalisatrice Tahani Rached en 1990.

Station Joliette		
	dim au ven	**sam**
Vers Honoré-Beaugrand		
Premier départ	5 h 56	5 h 56
Dernier départ	1 h 04	1 h 34
Vers Angrignon		
Premier départ	5 h 39	5 h 39
Dernier départ	0 h 47	1 h 17

METRO

PRÉFONTAINE

Ligne n° 1 (verte)

Origine du nom : Ce nom, qui désigne aussi un quartier et une rue de la ville de Montréal, rappelle la mémoire de l'avocat Raymond-Fournier Préfontaine (1850-1905), maire de l'ancienne ville d'Hochelaga, puis maire de Montréal de 1898 à 1902.

Date d'inauguration : 1976

Architecte : Henri Brillon

Cette station est implantée sous la rue Hochelaga, à l'intersection de la rue Préfontaine, et en bordure du parc du même nom. Le concept architectural de la station favorise un apport maximum de lumière jusqu'au niveau des quais. Ainsi, une structure métallique, légère et rutilante, sert d'appui aux baies largement vitrées qui constituent le plafond de l'édicule principal, puis d'environ un tiers de la station. L'autre partie a été érigée en tunnel dans le roc. Un édicule secondaire de conception identique permet aux passagers de rejoindre la mezzanine en traversant la rue Hochelaga en souterrain. De légers plis viennent briser la monotonie du béton qui recouvre tous les murs intérieurs de la station. Les accessoires constituent çà et là des taches de couleurs bienvenues. Des flèches colorées sont disposées aux endroits stratégiques, ajoutant à leur fonction directionnelle un aspect décoratif.

(voir le plan de quartier à la page 52)

◆ 1001, rue du Square Dorchester

Le Centre d'information touristique par excellence sur Montréal et le Québec.

En plus d'un comptoir de renseignements touristiques, le Centre Infotouriste regroupe une gamme complète de services (tours d'autobus, agence de voyages, location d'automobile, bureau de change, librairie, réservation de chambres d'hôtels, etc.) pour vous aider à mieux profiter de votre séjour à Montréal et au Québec.

◆ **INF⊙TOURISTE**
1001, rue du Square Dorchester
(coin Peel et Ste-Catherine)

◆ Kiosque du Vieux-Montréal
(Place Jacques-Cartier)

◆ Kiosques des Aéroports Internationaux de Montréal (Dorval et Mirabel)

◆ Kiosque du Stade Olympique (été 1992)

Aux alentours du métro Préfontaine

■ Le parc Préfontaine

C'est en l'honneur de l'avocat et maire de Montréal du début du siècle, Raymond Préfontaine (1850-1905) que fut nommé cet espace vert de 2,5 ha situé entre les rues Hochelaga, de Rouen, Dézéry et Moreau.

■ L'institut Teccart
3155, rue Hochelaga, ☎ *526-2501*

Cette école d'électronique fut fondée en 1945. Entre autres programmes offerts au niveau collégial, notons l'électronique industrielle, les télécommunications et l'automatisation qui ont fait la solide réputation de cet établissement.

Aujourd'hui Teccart offre également des cours par correspondance, un programme de baccalauréat international et forme les techniciens de nombreuses entreprises internationales canadiennes et étrangères.

Station Préfontaine		
	dim au ven	sam
Vers Honoré-Beaugrand		
Premier départ	5 h 55	5 h 55
Dernier départ	1 h 03	1 h 33
Vers Angrignon		
Premier départ	5 h 40	5 h 40
Dernier départ	0 h 48	1 h 18

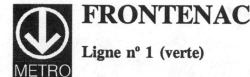

FRONTENAC

Ligne n° 1 (verte)

Origine du nom : Louis de Buade de Frontenac et de Palluau (1622-1698), filleul de Louis XIII et officier de l'armée française, fut promu gouverneur général de la Nouvelle-France en 1672, mais son comportement intéressé le fit rappeler en France en 1682. On le nomma cependant à nouveau gouverneur général à Québec en 1689. Ce second mandat fut plus heureux. En 1690, Frontenac repoussa l'attaque de Sir William Phips contre Québec après avoir servi sa célèbre réponse à l'émissaire de Phips exigeant la reddition de la colonie : «Je nay point de Reponse a faire a vostre general que par la bouche de mes cannons et a coups de fuzil.» Sous sa gouverne, la Nouvelle-France parvint aussi à se défendre contre les nombreuses attaques de la Confédération iroquoise.

Date d'inauguration : 1966

Architectes : Robillard, Jetté et Beaudoin

Sise entre les rues Frontenac et Du Havre, à l'intersection de la rue Ontario, cette station, malgré la célébrité du personnage à l'origine de son toponyme, ne possède pas de caractéristiques particulières. Ainsi, de son minuscule édicule, on accède au palier en passant par les contrôles, puis un corridor se prolonge par une passerelle flanquée d'escaliers permettant la descente vers les quais. Tous les murs intérieurs sont revêtus de panneaux de céramique à carreaux jaunes, beiges et crème s'agençant aux tuiles de teintes jaunes et brunes qui recouvrent les planchers.

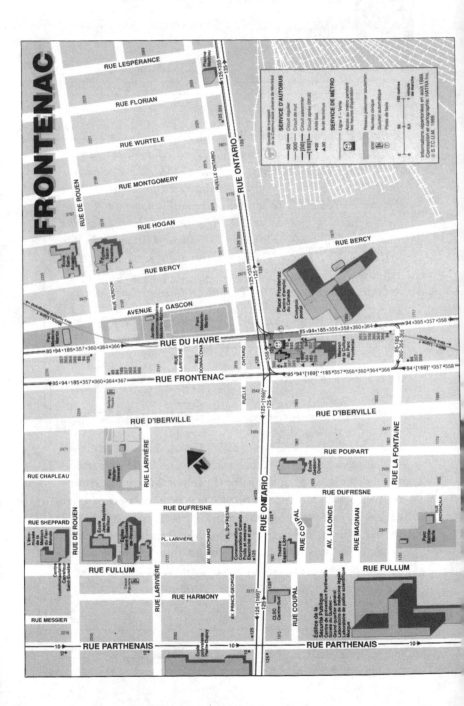

Aux alentours du métro Frontenac

■ **La Maison de la culture Frontenac**
2550, rue Ontario Est, ☎ *872-7882*

De nombreux spectacles, pièces de théâtre et expositions y sont présentés. La maison abrite également la bibliothèque du quartier.

■ **Le théâtre l'Espace Libre**
1945, rue Fullum, ☎ *521-4191*

Co-géré par trois troupes de théâtre (Carbone 14, Nouveau Théâtre Expérimental et Omnibus), l'Espace Libre est une ancienne caserne de pompiers réaménagée depuis près de 10 ans. Chaque troupe peut adapter sa salle cubique à ses besoins propres (nombre de sièges, scène, gradins...).

■ **La Maison du fier-monde**
2349, rue de Rouen, ☎ *598-8185*

Il s'agit d'un écomusée consacré à l'histoire industrielle du quartier. Des visites guidées sont disponibles sur rendez-vous, du lundi au jeudi de 10 h à 16 h. Le prix d'admission prend la forme d'une contribution volontaire.

Station Frontenac		
	dim au ven	sam
Vers Honoré-Beaugrand		
Premier départ	5 h 53	5 h 53
Dernier départ	1 h 01	1 h 31
Vers Angrignon		
Premier départ	5 h 41	5 h 41
Dernier départ	0 h 49	1 h 19

PAPINEAU ♥

Ligne n° 1 (verte)

Origine du nom : Papineau désigne aujourd'hui une station de métro, une avenue, un square, un quartier et un pont (pont Papineau-Leblanc). Toutes ces entités géographiques honorent la mémoire de Joseph Papineau (1752-1841), notaire, arpenteur, homme politique et père de Louis-Joseph Papineau (1786-1871). Joseph Papineau, défenseur des droits du peuple et de la langue française, fut député de Montréal à deux reprises (1792-1804 et 1809-1814). Il était aussi seigneur de la Petite-Nation.

Date d'inauguration : 1966

Architectes : Bolduc et Venne

Localisée entre les rues Cartier et Dorion, non loin de l'avenue Papineau, cette station de conception assez simple ne possède qu'un seul édicule acheminant les voyageurs vers les quais via des escaliers mécaniques et fixes ainsi qu'une passerelle. Se déplaçant sur celle-ci, on peut apercevoir les trois murales qui garnissent les deux arches au-dessus des quais de même que le mur nord de la passerelle. Cette oeuvre haute en couleurs de l'artiste Jean Cartier rappelle les événements de 1837-1838. Le panneau central se veut un hommage à Louis-Joseph Papineau, un des chefs de la rébellion. Dans toute la station, de la céramique beige parsemée de blanc et de turquoise tapisse les murs tandis que du granit noir recouvre les planchers. Les plafonds, peints beige-crème, éclairent les lieux.

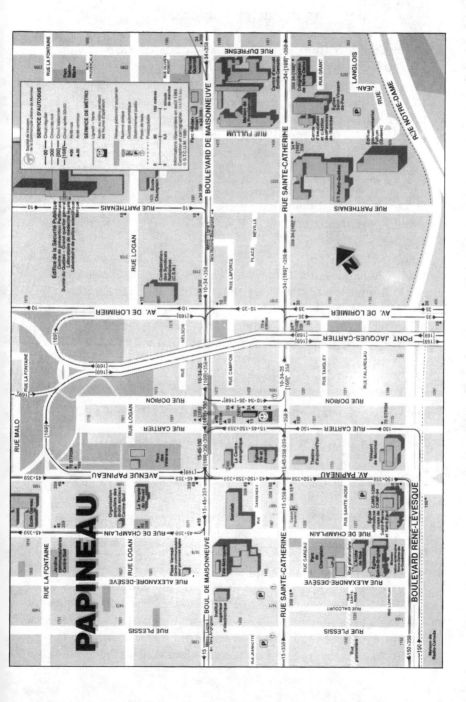

Aux alentours du métro Papineau

■ La Confédération des syndicats nationaux (CSN)
1601, av. de Lorimier, ☎ 598-2121

En face du siège de cet important syndicat, un colossal monument en béton armé de Roger Langevin représente des travailleurs et des travailleuses portant des blocs de pierre. L'oeuvre s'intitule «Monument aux travailleurs» et fut réalisée en 1981.

■ La prison du Pied-du-Courant
905, avenue de Lorimier, ☎ 873-7027

C'est dans cette ancienne prison que furent incarcérés, puis pendus, quelques-uns des leaders de la révolte des Patriotes, en 1839. Aujourd'hui, grâce à un superbe travail de restauration, la Société des Alcools du Québec y a installé son siège social. Face à l'ancienne prison, le Monument aux Patriotes, érigé en 1930, rappelle les tragiques événements du siècle dernier.

■ Le pont Jacques-Cartier

Dès 1930, ce pont à péage était ouvert à la circulation, mais il ne prit véritablement le nom de Jacques-Cartier que quatre ans plus tard. Le péage y fut aboli en 1962. D'un bout à l'autre, le pont mesure environ 3 km, et le plus haut point du tablier de la partie cantilever (335 m de longueur) se trouve à 50 m de l'eau.

Reliant l'île de Montréal et la rive sud, le pont Jacques-Cartier traverse le fleuve Saint-Laurent jusqu'à l'île Sainte-Hélène, en son milieu, pour ensuite s'élever au-dessus de la Voie Maritime du Saint-Laurent. En 1958, la partie du tablier qui enjambait la Voie Maritime, alors en construction, dut être surélevée de 25 m. Le tunnel du métro croise en sous-sol le pont Jacques-Cartier, à proximité de la station Longueuil. Le pont se termine, à son extrémité sud, par un des plus beaux «spaghettis» d'autoroute, à l'entrée de Longueuil; au nord, il s'étend vers les rues de Lorimier et Papineau, enjambant le courant Sainte-Marie, le monument aux Patriotes et l'autoroute Ville-Marie.

■ **La cathédrale Saint-Pierre et Saint-Paul**
   1175, rue Champlain, ☎ *522-2801*

Ce temple orthodoxe russe, situé à l'angle nord-est du boul. René-Lévesque et de la rue Champlain, se distingue par son petit dôme remarquable. Il fut érigé en 1853 et portait alors le nom d'église Saint-Luc.

■ **L'église Sainte-Brigide**
   1151, rue Alexandre de Sève

L'église et le presbytère de la paroisse Sainte-Brigide furent respectivement construits en 1880 et 1908. Les cloches actuelles furent achetées d'une célèbre fonderie française (Maison Bollée) en 1926.

■ **La Cité des Ondes**

Dans les environs des stations de métro Papineau et Beaudry, de nombreuses entreprises consacrées aux communications se sont établies:

   Radio Mutuel
   1717, boul. René-Lévesque Est, ☎ *529-3210*

Cette compagnie contrôle et exploite les stations CJMS 128 et CKMF 94 à Montréal, ainsi que de nombreuses station AM et FM partout en province.

   Radio Québec
   800, rue Fullum, ☎ *521-2424*

Cette station de télévision est la propriété du gouvernement du Québec. Sa programmation, essentiellement francophone, met l'accent sur des émissions éducatives et d'information générale.

Le Téléport de Montréal
1755, boul. René-Levesque Est, ☎ *596-0145*

Ce bâtiment abrite de nombreuses entreprises reliées au monde de l'image et du son. En plus de Vidéotron, qui y possède des studios, on retrouve Télésat Canada, leader dans le domaine de la télédiffusion par satellite.

Télé-Métropole
1600, boul. de Maisonneuve Est, ☎ *526-9251*

Cet important producteur et diffuseur francophone privé est en grande partie propriétaire du réseau de télévision TVA, qui comprend entre autres les stations CFTM 10 de Montréal, CHLT 7 de Sherbrooke et CFCM 4 de Québec. Parmi ses filiales, on retrouve de nombreux studios d'enregistrement et de production, dont le plus grand au Canada, le Studio G.

Le principal actionnaire de Télé-Métropole étant Vidéotron, leader mondial de la télématique, il n'est pas étonnant que «TM» ait récemment innové en introduisant le concept de télévision interactive, commercialisé sous le nom de Vidéoway.

Station Papineau		
	dim au ven	sam
Vers Honoré-Beaugrand		
Premier départ	5 h 51	5 h 51
Dernier départ	1 h 00	1 h 30
Vers Angrignon		
Premier départ	5 h 43	5 h 43
Dernier départ	0 h 51	1 h 21

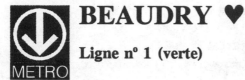

BEAUDRY ♥

Ligne n° 1 (verte)

Origine du nom : La rue Beaudry existait déjà sous cette désignation en 1843. On croit que ce nom évoque la mémoire de Pierre Beaudry, propriétaire du terrain à travers lequel cette voie fut ouverte.

Date d'inauguration : 1966

Architecte : A. Niklewicz

La station Beaudry, sise à l'intersection des rues Sainte-Catherine et Beaudry, ne jouit pas de détails architecturaux élaborés. Son petit édicule logeant une concession contient des escaliers qui mènent à la salle de contrôle, puis aux tapis roulants servant de lien avec la passerelle. Les murs sont principalement recouverts de céramique beige et brune s'harmonisant à la tuile brune des planchers.

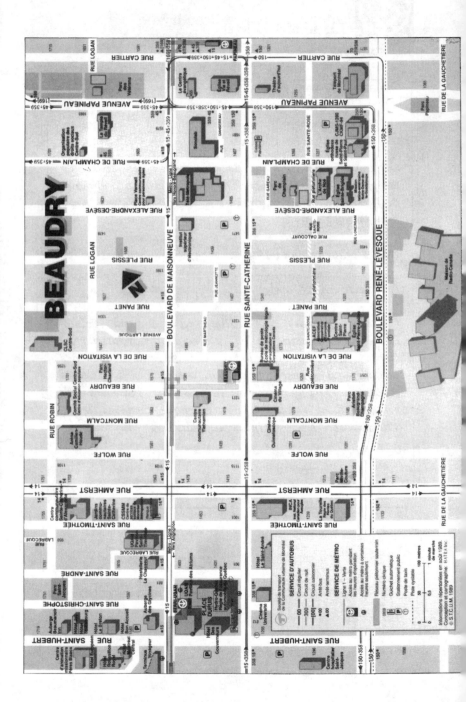

Aux alentours du métro Beaudry

■ Le Village

La plupart des établissement gais se trouvent dans ce secteur de Montréal, longtemps un des plus pauvres. Avec les années, plusieurs immeubles et appartements ont été rénovés et mis en valeur. Le quartier a pris des airs plus prospères, et il est fréquenté par une vaste clientèle. Ses origines modestes et la tolérance des homosexuels en font un secteur accueillant, sans aucune prétention.

■ Le Ouimetoscope
1204, rue Sainte-Catherine Est, ☎ *525-8600*

Il s'agit de la première salle de cinéma de Montréal. Les cinéphiles peuvent maintenant y visionner des films de répertoire. Il a récemment été rénové de façon pratique (sans trop d'enjolivures) afin d'en faire un cinéma moderne.

■ Le cinéma du Village
1220, rue Sainte-Catherine Est, ☎ *523-3239*

Ce cinéma un peu particulier présente toujours deux films intéressant principalement la population gaie. Cette salle est située dans l'ancien théâtre national, qui fut fondé en 1900 par Julien Daoust, auteur et comédien. En 1965, le théâtre devenait le foyer du conservatoire national d'art dramatique. Il figure désormais parmi les monuments historiques du Québec.

■ Station C
1450, rue Sainte-Catherine Est.

Grand complexe gai installé dans l'ancien théâtre Félix-Leclerc. Quatre boîtes de nuit, qui ont chacune leur spécificité, composent l'ensemble.

Pause-bouffe

Le Bloc
1355, rue Sainte-Catherine Est, ☎ *522-2989*

lun au mer	*7 h 30 à 24 h*	*sam*	*8 h à 6 h*
jeu et ven	*7 h 30 à 6 h*	*dim*	*8 h à 24 h*

Petit café sympathique en plein coeur du village gai. Petite restauration à prix économiques.

■ La maison de Radio-Canada
1400, boul. René-Levesques Est, ☎ *597-5970*

C'est à l'architecte Tore Björnstad que l'on doit l'immeuble de 23 étages qu'occupe Radio-Canada, construit en 1973. On y trouve le siège social du réseau francophone et les bureaux régionaux du réseau anglophone de cette société d'État de renommée internationale. Il est possible de visiter les installations de Radio-Canada les mardis et jeudis sur réservation.

■ L'église Saint-Pierre-Apôtre
1201, rue Visitation

En 1848, Mgr Bourget confiait aux oblats de Marie-Immaculée la paroisse Saint-Pierre-Apôtre; ceux-ci y édifièrent alors une chapelle. L'église actuelle date de 1853 et est un des joyaux de style gothique de Victor Bourgeau. On y retrouve 22 verrières magnifiquement conservées ornant ses murs de pierre calcaire. Un vrai carillon français fait régulièrement entendre ses 13 cloches du haut de sa tour, dont l'horloge fut dessinée par Joseph Venne. Comme le souhaitait le donateur du terrain, M. Pierre Beaudry, futur maire de Montréal, une statue de Saint-Pierre s'élève au-dessus du fronton du portail. Aujourd'hui, une oeuvre en ciment recouvert de bronze remplace la statue originale, un plâtre-bronze de Petrucci et Carli. Resplendissante, l'église Saint-Pierre-Apôtre est au centre d'une sorte de petit village ecclésial, ayant à ses côtés le presbytère de la paroisse ainsi que la maison mère des oblats au Canada.

Station Beaudry		
	dim au ven	**sam**
Vers Honoré-Beaugrand		
Premier départ	5 h 50	5 h 50
Dernier départ	0 h 59	1 h 29
Vers Angrignon		
Premier départ	5 h 44	5 h 44
Dernier départ	0 h 52	1 h 22

La station suivante est Berri-UQAM *(voir détails p 10)*

SAINT-LAURENT ♥ ♥

Ligne n° 1 (verte)

Origine du nom : La voie portant aujourd'hui le nom de Boulevard Saint-Laurent a une origine fort ancienne. Dès le début du XVIIIe siècle, le chemin menant de la ville jusqu'au nord de l'île de Montréal suivait, dans sa partie sud, l'axe du boulevard actuel. Ce chemin menait au Sault-au-Récollet, à la côte Saint-Michel, à la côte Sainte-Catherine et aussi à la côte Saint-Laurent et on prit l'habitude de le désigner comme le chemin de Saint-Laurent.

Date d'inauguration : 1966

Architectes : Brassard et Warren

La station Saint-Laurent, localisée à l'intersection des boulevards Saint-Laurent et Maisonneuve, a été construite à ciel ouvert. Son concept architectural s'avère assez simple. Ainsi, de son unique édicule, des escaliers permettent de pénétrer jusqu'à la mezzanine qui s'ouvre de chaque côté sur les quais. Le grand volume comprenant la mezzanine et les quais est de forme rectangulaire. Les planchers sont recouverts de carreaux de céramique brune et de granit noir. Le revêtement mural est constitué de tuiles de céramique coquille d'oeuf que ponctuent des panneaux de briques de céramique vernissée de différentes couleurs. Le choix de ces matériaux a permis de réaliser une ambiance très claire dans toute la station.

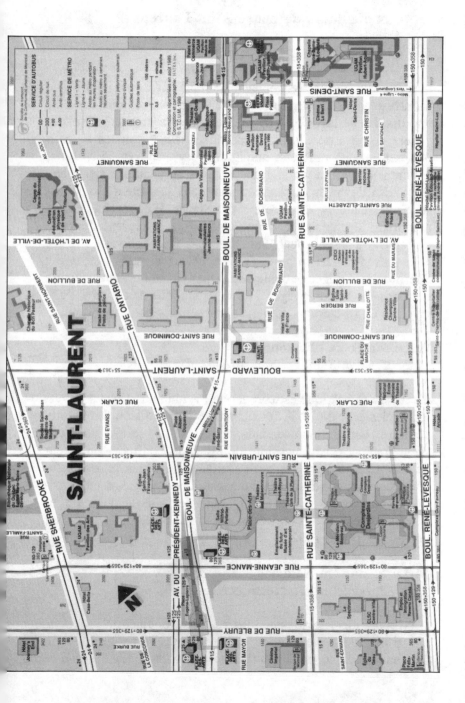

Aux alentours du métro Saint-Laurent

■ Le boulevard Saint-Laurent

Surnommé la Main, le boulevard Saint-Laurent divise l'île de Montréal en deux: l'Est et l'Ouest. Cette artère, une des plus importantes de la ville, était jadis un chemin menant jusqu'à la rivière des Prairies. Au fil des années, les boutiques se multiplièrent et de nombreux immigrants s'y établirent. Les Juifs, notamment, vinrent en si grand nombre au début du siècle que le yiddish devint la langue courante dans le secteur. Ils seront suivis des Chinois, des Grecs et des Slaves. Plus récemment, de nombreux Portugais et Latino-américains y élurent domicile également. Parallèlement, la bourgeoisie francophone est restée bien présente dans le paysage, surtout aux alentours de la rue Sherbrooke. Longer ce boulevard de bas en haut est une aventure qui permet tant de voyager dans le temps, que de découvrir une myriade de restaurants ethniques et de magasins d'importation.

■ Le Musée de l'humour
2101, boul. Saint-Laurent, ☎ *845-3155*

Ce musée thématique est consacré à l'art humoristique à travers les siècles et selon les différents modes d'expression (littérature, peinture, bande dessinée, radio, publicité...), le tout dans une scénographie trois dimensions de François Confino, concepteur de Cité-Ciné à Paris. Il est constitué de galeries réparties sur cinq étages autour d'un puits immense. Luc Laporte réaménagera l'édifice de la Brasserie Eckers, une des plus anciennes avec Molson, choisie pour abriter ce nouveau musée qui ouvrira ses portes à la fin de 1992.

■ Le Monument-National
1182, boulevard Saint-Laurent

Un des premiers théâtres de Montréal, le Monument-National fut construit en 1894 sur les plans des architectes Perreault, Mesnard et Venne. Classé monument historique vers la fin des années soixante-dix, il abrite aujourd'hui l'École nationale de théâtre. On complète actuellement sa rénovation.

■ **Le Métropolis**
59, rue Sainte-Catherine Est.

Le Métropolis est un immense théâtre transformé en ce qui est maintenant la plus grande discothèque de Montréal; prix d'entrée de 5 $ la semaine et de 8 $ le samedi. Fermé du lundi au mercredi et le dimanche.

■ **Les Foufounes électriques**
87, rue Sainte-Catherine Est

Un nom excentrique donné à un bar-discothèque-lieu-de-rencontre merveilleux. Le meilleur endroit au Québec pour voir les orchestres non-traditionnels, il attire une foule variée de jeunes montréalais, allant des punks aux étudiants en médecine. Son intérieur est farfelu, avec ses murs pleins de graffiti et ses sculptures étranges. Il possède une très grande terrasse, idéale pour les soirées estivales. L'entrée est de 10 $ et plus lorsqu'on y présente des groupes, autrement, elle est gratuite.

Pause-bouffe

Le Traffic Café
85, Sainte-Catherine Est, ☎ *499-8909*

lun au dim   11 h à 24 h

Cette cafétéria fait partie de ce qui devient le «complexe»
Foufounes électriques. Excellente façon de découvrir en famille
les décors «flyés» des Foufounes; les sculptures sont par-
ticulièrement intéressantes. Menu santé et plats innovateurs.

Station St-Laurent		
	dim au ven	**sam**
Vers Honoré-Beaugrand		
Premier départ	5 h 48	5 h 48
Dernier départ	0 h 53	1 h 23
Vers Angrignon		
Premier départ	5 h 46	5 h 46
Dernier départ	0 h 59	1 h 29

PLACE-DES-ARTS
★★★♥♥♥
Ligne n° 1 (verte)

Origine du nom : Le projet d'une grande salle de spectacles à Montréal avait déjà été évoqué à plusieurs reprises lorsque fut mise sur pied la Corporation Sir George-Étienne Cartier, organisme responsable de sa concrétisation. Le nom de Place des Arts fut utilisé dès le début de l'année 1959, bien que l'édifice principal abritant la salle Wilfrid-Pelletier n'ait été officiellement inauguré que le 21 septembre 1963.

Date d'inauguration : 1966

Architectes : David, Boulva et Cleve

La station Place-des-Arts, située à l'arrière des théâtres de cette place, permet une liaison piétonnière entre la rue Bleury, la Place des Arts, le Complexe Desjardins, le Complexe Guy-Favreau et le nouveau musée d'art contemporain. Le concept architectural a tenu compte de cet axe de circulation en permettant, par une mezzanine, de traverser la station à l'extérieur des contrôles tout en offrant une vue d'ensemble du volume général. Quatre édicules desservent cette station. Deux sont situés à l'ouest, sur la rue Bleury, deux autres sont établis à l'est dont l'un directement au coin de la Place des Arts. Étant donné sa position stratégique, la station est aussi accessible par divers autres endroits via le réseau piétonnier souterrain. L'ambiance générale, très claire, vise à faire oublier au voyageur qu'il se trouve sous la terre. Les murs sont revêtus d'un jeu de briques émaillées gris-bleu en harmonie avec le bleu des carreaux en céramique des planchers. Sur le mur est de la mezzanine, une verrière illuminée retrace l'histoire de la musique à Montréal de Jacques Cartier aux années soixante. L'oeuvre est de Frédéric Back.

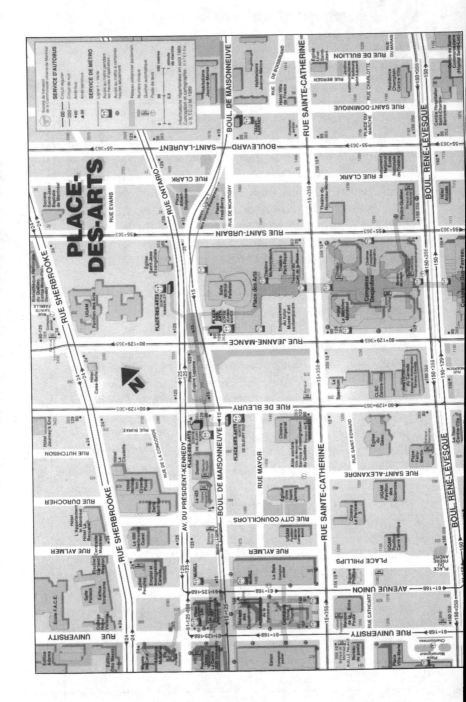

Aux alentours du métro Place-des-Arts

■ La Place des Arts
175, rue Sainte-Catherine Ouest, ☎ *842-2112*

La Place des Arts est le plus imposant complexe culturel du Québec. Musique, théâtre, variétés, danses classique et moderne y sont à l'honneur dans ses trois grandes salles de spectacle (le théâtre Jean-Duceppe, la salle Wilfrid-Pelletier, le théâtre Maisonneuve) et son petit café-théâtre : le café de la Place.

■ Le Musée d'art contemporain
185, rue Sainte-Catherine Ouest, ☎ *873-2878*

Nouvellement installé tout près de la Place des Arts, ce musée autrefois situé dans la Cité du Havre, fut fondé en 1964. Il s'agit du seul musée du genre au Canada. Sa collection comprend principalement des oeuvres québécoises, mais aussi européennes, américaines et canadiennes. On peut y voir de nombreuses sculptures et dessins, ainsi que des installations, aquarelles, gouaches et oeuvres vidéo. Le musée présente fréquemment des spectacles, des conférences, des concerts ainsi que des pièces de théâtre dans le nouvel amphithéâtre qu'il partage avec la Place des Arts.

Horaire : du mardi au dimanche de 9 h à 18 h; le mercredi de 9 h à 21 h (admission gratuite de 18 h à 21 h); entrée 5 $.

■ Le Complexe Desjardins
Coin des rues Jeanne-Mance et Sainte-Catherine, ☎ *281-1870*

Inauguré en 1976, le Complexe Desjardins est constitué de quatre tours, dont celle de l'hôtel Méridien. Relié au Complexe Guy-Favreau et à la Place des Arts, le Complexe Desjardins contient 115 boutiques, quatre salles de cinéma, un bureau de poste, des bars et des restaurants, une scène avec estrade sur sa place centrale, deux banques (Banque Nationale et Banque Royale) et une Caisse Populaire. À remarquer : la sculpture de bois et d'acier suspendue au centre de la place, oeuvre de Pierre Granche, haute de près de 16 m et dotée de nombreuses figures géométriques. À l'extérieur, au coin des rues Jeanne-Mance et Sainte-Catherine, une oeuvre en feuilles d'aluminium réalisée par Yves Trudeau rend hommage à Alphonse Desjardins, fondateur de la première Caisse Populaire au tournant du siècle et père du mouvement coopératif qui porte son nom.

Pause-bouffe

Le Commensal
680, rue Sainte-Catherine Est, ☎ 871-1480

lun au sam   11 h à 24 h
dim   11 h à 22 h

Une saine visite de Montréal passe par un arrêt santé au Commensal. Grand choix de plats, tous vendus au poids. La présentation de type «buffet» permet d'essayer un peu de tout.

■ Le théâtre du Nouveau Monde
84, rue Sainte-Catherine Ouest, ☎ 861-0563

Ce théâtre de 855 places célébrait ses 40 ans en 1991. Il se consacre au répertoire contemporain, tout en laissant une grande place aux classiques dans sa programmation.

■ Le Spectrum
318, rue Sainte-Catherine Ouest, ☎ 861-5851

Grande salle de spectacle et bar. Spectacles à partir de 21 h. Atmosphère bruyante et enfumée. Prix d'entrée, à partir de 10 $.

■ **L'église du Gesù**
1201, rue Bleury

Classée monument historique en 1975, cette église datant de 1865 est l'oeuvre de l'architecte Patrick C. Keely de Brooklyn. Avec ses deux clochers qui n'ont jamais été terminés et son style néo-renaissance, ce temple a plutôt des allures de palais. On devait à l'origine lui donner un style purement gothique du XIIᵉ siècle, mais l'évêque de Montréal, Mᵍʳ Bourget, insista pour que l'église s'apparente au Gesù de Rome. D'où le choix de l'architecte Keely qui prétendait bien connaître ce temple.

■ **Le monument John F. Kennedy**

Monument érigé en 1986 à la mémoire du jeune président américain assassiné à Dallas (Texas) en novembre 1963 (1917-1963).

■ **L'église Saint-Jean-L'Évangéliste**
137, av. Président-Kennedy

La construction de cette église au toit rouge débuta en juin 1877. On isola le temple de l'intérieur par la pose de briques, utilisées également comme élément de décor conçu par Thomas Fuller. On peut y admirer un calvaire composé d'une sainte croix et de trois personnages ainsi que des statues de Saint-Augustin et Saint-Jérôme.

Station Place-des-Arts		
	dim au ven	sam
Vers Honoré-Beaugrand		
Premier départ	5 h 47	5 h 47
Dernier départ	0 h 52	1 h 22
Vers Angrignon		
Premier départ	5 h 47	5 h 47
Dernier départ	1 h 00	1 h 30

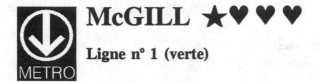

McGILL ★♥ ♥ ♥

Ligne nº 1 (verte)

Origine du nom : L'avenue McGill College portait déjà ce nom lorsqu'elle fut cédée à la Ville de Montréal en 1856. Cette avenue, tracée pratiquement dans l'axe d'entrée de l'université McGill, reçut le nom de cette institution fondée en 1821, suite à un legs de James McGill (1744-1813), commerçant de fourrures et membre du parlement du Bas-Canada.

Date d'inauguration : 1966

Architectes : Crevier, Lemieux et Maurice Savoie

Cette station est localisée sous le boulevard de Maisonneuve entre l'avenue Union et la rue McGill College. Ne comportant au début qu'un seul édicule, elle a rapidement été directement raccordée à divers édifices, magasins et centres commerciaux, portant aujourd'hui à neuf le nombre de ses entrées. Une mezzanine permet une communication aisée entre ces bâtiments. La station a été construite en tranchée. Ses murs sont recouverts de travertin entrecoupé en certains endroits de tuiles de céramique. L'entrée du magasin Eaton est constituée d'une murale de Maurice Savoie s'étalant sur les deux colonnes et les deux murs du coin. Faite de terre cuite, cette murale représente entre autres des formes stylisées de fleurs et de feuilles. Tout à coté, vers la gauche, une autre murale identifiée cette fois aux Promenades de la Cathédrale représente en relief l'île de Montréal vue du ciel. Signée Richard Purdy, Alain Cadieux et François Hébert, l'oeuvre est protégée par un mur de blocs de verre, ce qui la rend quelque peu discrète. Au niveau des quais, du côté sud, une verrière de Nicolas Sollogoub rappelle certains aspects de Montréal au XIXe siècle. La section centrale met en vedette Jacques Viger, premier maire de Montréal, et son successeur, Peter McGill.

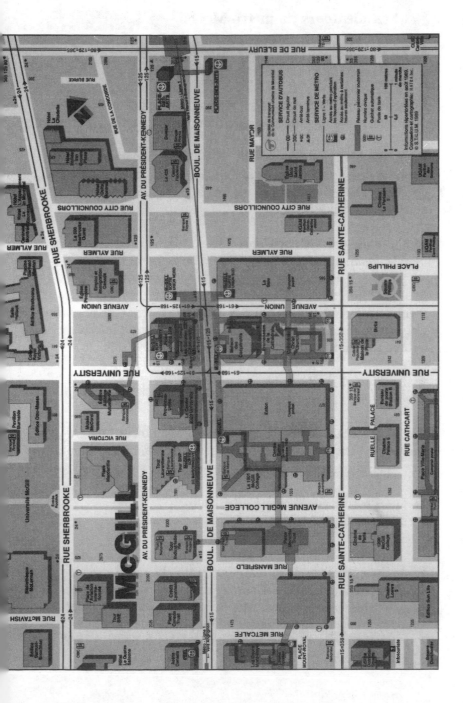

Aux alentours du métro McGill

■ La cathédrale Christ Church
1444, rue Union (angle Sainte-Catherine)

De style néo-gothique anglais, cette cathédrale datant de 1860 se distingue par son imposante tour centrale qui fut à l'origine construite en pierre. Cependant, le sol trop mou ne put la supporter bien longtemps. En 1940, une donation anonyme permit d'ériger une copie en aluminium du clocher. Autre attrait de cette église anglicane, le retable a demandé deux années et demie de travail à lui seul.

■ La maison des Coopérants
625, boul. de Maisonneuve Ouest, ☎ *849-9925*

C'est en 1987 que la Maison des Coopérants sort de terre et vient surplomber Christ Church à la fin de cette même année. Cet édifice futuriste comprend 34 étages. La partie inférieure de la tour rappelle le style néo-gothique de la cathédrale.

■ La Place London Life
2001, rue Université, ☎ *288-5759*

Cet édifice à bureaux de la compagnie d'assurances London Life abrite une banque, quelques boutiques et de nombreux comptoirs de restauration rapide. Il est directement relié au métro McGill.

■ Les Promenades de la Cathédrale
625, rue Sainte-Catherine Ouest, ☎ *849-9925*

Les Promenades de la Cathédrale constituent l'un des derniers agrandissements du Montréal souterrain. Localisé directement sous la cathédrale Christ Church, ce complexe commercial de deux étages possède des détails architecturaux rappelant la silhouette de cette église. Depuis 1987, année de sa création, les Promenades de la Cathédrale relient le centre Eaton à la Place Montréal Trust.

■ **La Baie**
Coin Union et Sainte-Catherine, face au square Phillips

La magasin La Baie, l'un des plus grands de la rue Sainte-Catherine, fut fondé en 1891. À cette époque, il était le seul du genre sur cette rue et on l'appelait le «Colonial House». Son fondateur, Henry Morgan, un Écossais, fut un des premiers à quitter le Vieux-Montréal pour s'établir sur la rue la plus commerciale de l'actuel centre-ville. La façade de cet édifice de grès rouge est d'origine mais on a ajouté quatre étages supplémentaires en 1923. C'est dans les années soixante-dix que le Colonial House prit le nom de «La Baie» suite à son achat par la compagnie de La Baie d'Hudson (la plus grande chaîne de magasins de détails au Canada).

■ **Birks**
1240, square Phillips, ☎ *397-2511*

Ce grand magasin du joaillier Henri Birks est situé dans un édifice dont la richesse n'a d'égal que la beauté des bijoux que l'on y trouve...

■ **Le square Phillips**

Le square Phillips fut aménagé vers 1843 par un conseiller municipal de Montréal, Thomas Phillips, qui était également propriétaire du terrain. La statue trônant au centre du parc fut érigée en 1914, en mémoire d'Édouard VII, roi d'Angleterre de 1901 à 1910. Ce dernier est venu à Montréal en 1860 pour l'inauguration du pont Victoria.

■ **Le Centre Eaton**
705, rue Sainte-Catherine Ouest, ☎ *288-3708*

Situé juste à coté du grand magasin Eaton, dont il n'a en commun que le nom, ce centre commercial a ouvert ses portes à l'automne 1990, après d'importants et coûteux travaux. S'élevant sur le site des anciennes *Terrasses*, le centre Eaton compte plusieurs boutiques et restaurants, ainsi que neuf petites salles de cinéma.

Pause-bouffe

Basha
930, rue Sainte-Catherine Ouest, ☎ 866-4272

lun au dim   11 h à 24 h

Grande cafétéria orientale. Cuisine et atmosphère typique, bas prix.

■ L'avenue McGill College

Cette artère stratégique du centre-ville prend naissance sous la Place Ville-Marie, par la sortie du stationnement souterrain de celle-ci, et longe de nombreux édifices tels que les tours BNP, la Place Mercantile et la Place Montréal Trust, pour finalement déboucher sur le campus de l'université McGill, rue Sherbrooke. Lorsque l'on regarde vers le nord, cette rue offre un point de vue typique de Montréal : édifices modernes tout en hauteur, embouteillages et piétons à profusion la hauteur de Sainte-Catherine, bâtiments historiques du campus de l'université sur fond de verdure, celle de la montagne qui veille sur la cité...

■ La Place Montréal Trust
1600, av. McGill College, ☎ 843-8000

La Place Montréal Trust est un centre commercial de 120 boutiques réparties sur 5 niveaux autour d'un vaste puits de lumière où une grande fontaine à gradins fait couler l'eau en cascades. Des ascenseurs panoramiques relient le premier niveau à une série de terrasses en étages.

■ **La Tour McGill College**
  1501, av. McGill College, ☎ *861-5501*

Recouverte de granit poli vert foncé, cette tour se démarque, la nuit tout particulièrement, par son toit en gradins illuminé. Son hall est relié au réseau piétonnier souterrain. Les gens d'affaires qui y ont leur bureau apprécient les éléments technologiques de pointe de cet édifice doté d'un câblage de fibre optique permettant une transmission de données rapide et de grande qualité.

■ **La Banque Nationale de Paris**
  1981, av. McGill College

Deux édifices reliés, comptant respectivement 16 et 21 étages, composent ce complexe de verre bleuté qui abrite la Banque Nationale de Paris. Sur l'esplanade de l'immeuble, on retrouve une oeuvre du sculpteur Raymond Mason réalisée en 1979 et intitulée *La foule illuminée*.

■ **L'Industrielle-Vie**

Tout juste en face de la BNP s'élève l'élégant édifice de l'Industrielle-Vie. On remarque, près de l'entrée, la très belle sculpture de Lea Vivot *Le banc du secret*.

■ **L'Industrielle-Alliance**
  680, rue Sherbrooke Ouest, ☎ *499-6688*

Inauguré en 1976, cet édifice de 20 étages à 6 côtés, abrite les bureaux de la compagnie d'assurances Industrielle Alliance et de l'Ordre des comptables agréés.

■ **L'université McGill**
  845, sherbrooke Ouest, ☎ *398-3770*

Située en plein coeur du Mile Carré Doré, le plus riche secteur du Canada au tournant du siècle, cette université porte le nom de son bienfaiteur, James McGill (1744-1813), négociant et homme politique canadien. Il fit fortune dans la fourrure, ce qui lui permit, à sa mort, de léguer une somme importante pour la création de ce qui est devenu le plus vieil établissement universitaire du Québec. En plus de ses principaux bâtiments, l'université McGill compte de nombreuses demeures, aujourd'hui transformées, mais qui faisaient jadis partie du Mile Carré Doré. Elles accueillent désormais des étudiants de différentes facultés.

■ Le musée Redpath
859, rue Sherbrooke Ouest

L'université McGill possède également le musée Redpath ouvert de septembre à juin, du lundi au vendredi, de 9 h à 17 h et en juillet et août, du lundi au jeudi, de 9 h à 17 h; entrée gratuite). Ses collections anthropologiques éclectiques comprennent une rare collection de fossiles, des os de dinosaures et deux momies égyptiennes.

■ Le musée McCord
690, rue Sherbrooke Ouest, ☎ *398-7100*

Fermé pour fin de rénovation depuis le début de 1989, l'édifice qu'occupe le musée McCord, consacré à l'histoire sociale du Canada, fut construit en 1907 et servait alors à l'Association des étudiants de l'Université McGill. Sa réouverture, prévue en mai 1992, nous permettra de redécouvrir une des plus grandes collections d'objets amérindiens en Amérique du Nord, ainsi que de nombreux costumes, des pièces d'art décoratif, et des photos d'archives du XVIIIe siècle à aujourd'hui.

Les rénovations ne feront que confirmer la réputation du musée, déjà le plus important du Québec et définitivement le plus prestigieux du Canada dans son domaine. Les nouveaux espaces comprendront des laboratoires de restauration, un centre de documentation, une salle pour conserver la collection du photographe Notman, une bibliothèque, un salon de thé, une boutique et une salle réservée aux ateliers pour enfants. Prix d'entrée 5$; gratuit pour les membres et les moins de 12 ans. Prix de groupe disponibles.

Horaire : Les mardis, mercredis et vendredi de 10 h à 18 h; les jeudis de 10 h à 21 h; les samedis et dimanches, de 10 h à 17 h. Fermé le lundi.

■ Le Royal Victoria College
555, rue Sherbrooke Ouest, ☎ 398-4547

Une statue de la reine Victoria, dévoilée à l'été de 1900, veille sur cet édifice appelé jadis le «Royal Victoria College». Celui-ci loge la salle de concert Pollack où sont régulièrement présentés concerts et récitals d'étudiants solistes, ensembles de la faculté de musique McGill et spectacles d'artistes professionnels. Faisant partie du campus de l'Université McGill, il a été construit grâce à un don généreux du richissime Lord Strathcona.

■ Le Crédit Lyonnais
2000, rue Mansfield, ☎ 288-4848

Également connu sous le nom de Centre Manuvie, cet édifice de 18 étages surprend avec ses deux volumes de béton et de verre soudés l'un à l'autre. Il a été construit en 1982.

Pause-bouffe

Paragraph
2065, rue Mansfield, ☎ 845-5811

lun au ven	*9 h 30 à 21 h*	*dim*	*10 h à 18 h*
sam	*10 h à 21 h*		

Cette librairie anglophone, l'une des plus courues à Montréal, possède son coin repas. Décor un peu trop institutionnel, mais bonne qualité et prix abordables.

■ **L'Église unie Saint-James**
463, rue Sainte-Catherine Ouest

On appelait anciennement «Saint-James Methodist Church» cette église gothique qui célébra en 1989 son 100e anniversaire. En 1926, on fit construire un édifice de trois étages en façade de l'église, sur Sainte-Catherine, pour loger des bureaux et des magasins. À cause de cela, la seule façon d'admirer l'extérieur de l'église est de se rendre sur la rue Mayor.

■ **Le cinéma Parisien**
480, rue Sainte-Catherine Ouest, ☎ *866-3856*

Ce cinéma est l'hôte, au mois d'août de chaque année, du Festival des Films du Monde.

Station McGill		
	dim au ven	sam
Vers Honoré-Beaugrand		
Premier départ	5 h 46	5 h 46
Dernier départ	0 h 51	1 h 21
Vers Angrignon		
Premier départ	5 h 48	5 h 48
Dernier départ	1 h 01	1 h 31

PEEL ★♥ ♥ ♥

Ligne n° 1 (verte)

Origine du nom : La rue Peel fut ainsi nommée en l'honneur de Sir Robert Peel (1788-1850), homme politique anglais qui entra aux Communes en 1809. Il occupa les postes de secrétaire d'État pour l'Irlande et de ministre de l'intérieur avant d'être élu Premier ministre. C'est sous sa direction que le parti «tory» fut rebaptisé «conservateur».

Date d'inauguration : 1966

Architectes : Papineau, Gérin-Lajoie et Leblanc

Cette station, située sous le boulevard de Maisonneuve, constitue le dernier maillon d'un réseau souterrain permettant aux usagers de se rendre à pied de la rue Stanley à la rue Union sans mettre le nez dehors. Son concept architectural mise sur un jeu de contrastes afin de donner un sens de hauteur au volume intérieur. Par exemple, les caissons modulés du toit créent des impressions successives d'écrasement et de hauteur qui contribuent à l'allégement de ce volume. Une série de poutres et de colonnes supportent la mezzanine où l'on retrouve les contrôles à chacune des extrémités. La station comprend quatre accès principaux intégrés à des bâtiments déjà existants. Deux accès secondaires ont été ajoutés à l'avant de l'édifice Les Cours Mont-Royal. Les murs et les planchers sont couverts de céramique composée de pastilles de différentes dimensions. Disséminés un peu partout, des cercles en céramique de couleurs vives, oeuvres de Jean-Paul Mousseau, animent l'intérieur de la station. Au niveau des quais, des panneaux lumineux reprennent ce même motif.

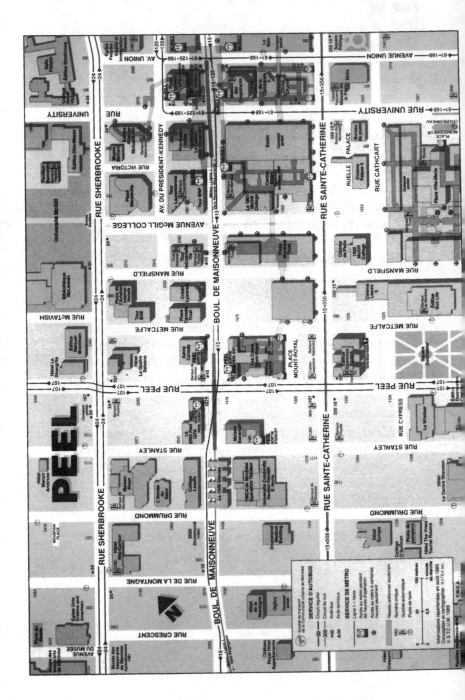

Aux alentours du métro Peel

■ Le Mount Stephen Club
1440, rue Drummond, ☎ *849-7338*

Construite entre 1880 et 1883, la demeure du baron George Stephen, conçue selon les plans de l'architecte W.T. Thomas, est un bel exemple du style Renaissance italienne. Le coût de la construction et de la décoration s'éleva à plus de 600 000 $ à l'époque. Le splendide intérieur de cette maison monumentale recèle des vitraux vieux de 300 ans, des parures de bois de citronnier, d'acajou, de chêne et de marbre, matériaux importés d'Europe, d'Amérique centrale et d'Orient. Le hall d'entrée est des plus impressionnants avec son marbre blanc gravé et ses portes massives d'une épaisseur de près de 13 cm.

George Stephen est né en Écosse. Il arriva à Montréal en 1850 et devint un marchand général très prospère, puis le président de la Banque de Montréal (1876) et, de 1881 à 1888, le premier président du Canadien Pacifique dont il contribua à la fondation et au développement. La maison est ouverte au public en juillet et août seulement.

■ La maison Alcan
1188, rue Sherbrooke Ouest, ☎ *848-8000*

Regroupant une série de petits immeubles datant de la fin du siècle dernier, la maison Alcan constitue un bel exemple de génie architectural sans tape-à-l'oeil. En effet, les gens d'Alcan, désireux de faire de leur siège social un digne représentant de l'architecture moderne respectueuse du patrimoine, ont restauré quatre immeubles dont l'ancien hôtel Berkeley ainsi que la maison de Lord Astholstan (fondateur du journal Montreal Star) construite en 1894.

Le complexe est chapeauté d'une verrière formant un passage en atrium derrière les bâtiments de la rue Sherbrooke. On y retrouve, en plus de boutiques et de restaurants, une place publique où l'on présente des concerts le midi. Un ascenseur vitré parcourt les huit étages de cet édifice moderne. L'extérieur utilise une profusion d'aluminium de manière très élégante. Par ailleurs, l'ambiance générale de la maison Alcan est fort agréable, grâce, entre autres, à la présence de couleurs charmantes baignées par la lumière du jour. Visites commentées disponibles sur demande; entrée gratuite.

■ L'édifice Samuel Bronfman
Angle Sherbrooke et Metcalfe

Appartenant à l'université McGill, l'édifice Samuel Bronfman a ainsi été nommé en l'honneur de cet homme d'affaires canadien qui fut président et copropriétaire de la compagnie Seagram's.

■ L'édifice de l'OACI
1000, rue Sherbrooke Ouest, ☎ *285-8219*

Seul organisme de l'ONU à avoir son siège social dans une ville canadienne, l'Organisation de l'Aviation Civile Internationale (OACI) est établie à Montréal depuis 1947. L'OACI a pour mission de réglementer les mesures de sécurité dans l'aviation civile et de voir à son bon fonctionnement. Elle occupe 19 des 27 étages de l'immeuble et dispose de 7 grandes salles de conférence.

■ Le square Dorchester

Le square Dorchester fut ainsi nommé en mémoire de Lord Dorchester, Gouverneur général du Canada à la fin du XVIIIe siècle. D'abord cimetière catholique au milieu du XIXe siècle, le parc, nommé alors square Dominion, tout comme ses alentours devint rapidement synonyme de prospérité grâce, entre autres, à l'installation du chic hôtel Windsor dans ses parages. Les rues avoisinantes accueillirent donc de jolies maisons bourgeoises et d'importantes entreprises qui, à elles seules, dit-on, représentaient presque toute la richesse du Canada. Au tournant du siècle, le square Dorchester se transforma en lieu de rassemblements populaires. Aujourd'hui, on peut y admirer de nombreux monuments :

- la statue de Wilfrid Laurier, premier ministre du Canada à la fin du siècle dernier;

- le monument aux Combattants de la guerre des Boers (1899-1902);

- la statue du poète écossais Robert Burns (1759-1796).

Pause-bouffe

Chez Better
1430, rue Stanley, ☎ *848-9859*

lun au ven	*7 h à 21 h*	*dim*	*10 h à 19 h*
sam	*9 h à 20 h*		

La cuisine allemande de tous les jours, servie rapidement et avec soin. Grand choix de saucisses et de bières. Si vous hésitez, essayez l'assiette aux trois saucisses avec choucroute et frites...

■ **Le Centre Infotouriste et Le Dominion Square Building**
1001, square Dorchester, ☎ *873-2015 (Infotouriste)*

La Maison du Tourisme de Montréal, également appelée Centre Infotouriste, est située dans le Dominion Square Building. Celui-ci fut construit en 1930 par les architectes Ross et MacDonald, qui voulurent lui donner des allures de palais florentin. Il s'agissait à l'époque du plus grand ensemble de bureaux et de commerces au Canada. Outre des renseignements touristiques, le centre offre également de nombreux services tels que la planification de voyages, les réservations de chambres d'hôtel et de visites guidées ainsi qu'un bureau de change. De plus,

Ulysse, la librairie du voyage, y tient un comptoir de vente proposant une sélection de guides sur le Québec.

■ **L'édifice Sun Life**
   1155, Metcalfe, ☎ *866-6411*

D'acier et de granit, cet édifice de style Beaux-Arts fut construit en plusieurs étapes, entre 1914 et 1931, selon les plans des architectes torontois Darling et Pearson. Il fut toutefois inauguré en mars 1918. Le site a été jadis occupé par le YMCA, aujourd'hui relocalisé sur Drummond. Avec ses 26 étages et ses trois sous-sols, le «Sun Life building» est demeuré le plus imposant édifice de l'Empire britannique durant plusieurs décennies. Outre son architecture colossale, on remarque son magnifique hall d'entrée sud, garni de marbre de différents pays. Durant la Seconde Guerre mondiale, c'est dans cet édifice qu'ont été entreposées les richesses de la Couronne britannique. Sur semaine, à 17 h, l'édifice offre un concert de carillon. Ce dernier serait d'ailleurs le plus gros carillon électro-mécanique au monde.

■ **L'édifice Dorchester Commerce**
   1155, boul. René-Levesque Ouest

En 1962, la Banque de Commerce fit construire cet édifice de 45 étages qui s'est refait une beauté pour 1992. On trouve une très vaste succursale de la banque au rez-de-chaussée, de même qu'une scupture du célèbre Henri Moore.

Station Peel		
	dim au ven	**sam**
Vers Honoré-Beaugrand		
Premier départ	5 h 45	5 h 45
Dernier départ	0 h 50	1 h 20
Vers Angrignon		
Premier départ	5 h 50	5 h 50
Dernier départ	1 h 02	1 h 32

GUY-CONCORDIA ♥ ♥ ♥

Ligne n° 1 (verte)

Origine du nom : D'abord nommée Station Guy en l'honneur d'Étienne Guy, ancien propriétaire du terrain où fut construite la rue Guy, cette station prit le nom de Guy-Concordia en 1987. L'université Concordia, desservie par cette station, a été créée en août 1974 par la fusion du collège Loyola et de l'université Sir George William. Le nom de Concordia aurait alors été choisi en référence à la devise de la Ville de Montréal, «le salut dans la concorde».

Date d'inauguration : 1966

Architecte : J.A. Chicoine

La station Guy-Concordia comporte deux édicules. Le premier, au coin de la rue Guy et du boulevard de Maisonneuve, contient des escaliers qui acheminent les voyageurs au palier où l'on retrouve les contrôles, une galerie de boutiques et différents services. D'autres escaliers mènent au corridor se poursuivant par une passerelle au-dessus des quais. À l'autre extrémité de la station, un second édicule, implanté à l'intersection de la rue Saint-Mathieu et du boulevard de Maisonneuve, permet aussi l'accès à un niveau intermédiaire qui comprend les contrôles et la concession. Des escaliers donnent ensuite directement sur une passerelle surplombant les quais. De la céramique de couleurs variées recouvre les murs et les planchers.

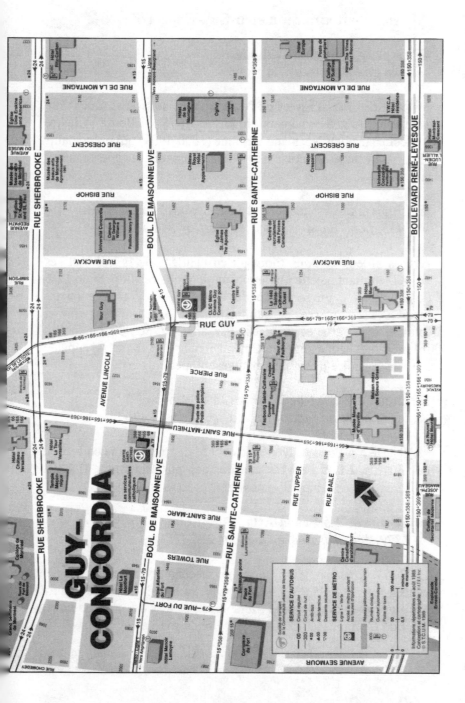

Aux alentours du métro Guy-Concordia

■ **La place Normand-Béthune**
Coin de Maisonneuve et Guy

Au coin des rues Guy et de Maisonneuve se trouve une statue offerte par le gouvernement chinois en 1978 : celle de l'illustre médecin canadien Normand Béthune (1890-1939) qui prêta main-forte à l'armée chinoise, en 1938, lors de la guerre sino-japonaise.

■ **L'université Concordia et la Cinémathèque Canada**
1455, boul. de Maisonneuve Ouest, ☎ *848-3838*

Avec ses deux campus (dont un en banlieue de la ville) et ses 26 000 étudiants, cette université anglophone reçoit près de 12 % de la clientèle universitaire du Québec. On y trouve quatre facultés : commerce et administration, beaux-arts, génie et informatique, arts et sciences. Par ailleurs, 50 000 cinéphiles fréquentent chaque année la Cinémathèque Canada, aussi appelée le Conservatoire d'Art cinématographique.

■ **La galerie d'art de l'université Concordia**
1455, boul. de Maisonneuve Ouest, ☎ *848-4750*

La galerie d'art de l'université Concordia, possède une collection de plus de 2 000 oeuvres canadiennes postérieures à 1940 et présente une douzaine d'expositions chaque année.

■ **Le musée des Beaux-Arts**
1379, rue Sherbrooke Ouest, ☎ *285-1600*

En 1877, Benaiah Gibb, premier mécène reconnu du musée, cède à l'*Art Association of Montreal* un terrain situé au square Phillips, une collection de 72 tableaux et 8 000 $ pour la construction d'un musée. Ce sera l'ancêtre du musée des Beaux-Arts, qui, se trouvant trop à l'étroit, déménagea sur la rue Sherbrooke, au coeur du **Mile carré doré**, en 1912. Ce second édifice fut réalisé par les frères Maxwell, deux architectes montréalais.

Aujourd'hui, le musée des Beaux-Arts dispose de 34 salles et d'une collection importante rassemblant estampes, dessins, peintures, sculptures, mobilier et argenterie, qui proviennent de l'Antiquité à nos jours. Il présente de grandes expositions temporaires où les arts québécois et canadien sont bien représentés. Plusieurs activités et ateliers y sont organisés chaque semaine.

En 1987, on confia à l'architecte Moishe Safdie le soin de concevoir les plans du pavillon sud, qui vient doubler la surface d'exposition du musée. Les deux édifices sont reliés par un passage souterrain où sept salles accueillent diverses collections. Le superbe pavillon sud, appelé Pavillon Jean-Noël Desmarais, a ouvert ses portes le 21 novembre 1991, attirant des milliers de visiteurs curieux (mardi au dimanche de 10 h à 19 h; entrée 4 $, prix variables pour les différentes expositions).

■ **L'Église unie Erskine and American**
1339, rue Sherbrooke Ouest

De style néo-roman, cette église fut érigée en 1892 par Alexander Hutchison. On y présente fréquemment des concerts.

Pause-bouffe

Café Toman
1421, rue Mackay, ☎ *844-1605*

lun	*fermé*	*dim fermé*
mar au sam 9 h à 18 h		

Un café «mittel Europa» comme on en retrouve en Tchécoslovaquie et en Allemagne. Petite restauration, excellente. Service des plus sympathiques.

■ L'église Saint-James The Apostole
1439, rue Sainte-Catherine Ouest

Édifiée en 1864 par Lawford et Nelson, cette église anglicane fut modifiée par d'autres architectes de renom, tels que Cox et Amos. Ceux-ci lui ajoutèrent un sanctuaire au nord et une petite chapelle en 1899. Dans les années vingt, Charles Saxe et John Archibald ont érigé une tour et ajouté l'entrée de la rue Bishop.

■ Le Temple maçonnique
1850, rue Sherbrooke Ouest

La fondation maçonnique du Québec possède ce temple de style renouveau classique construit en 1928-1929 selon les plans de l'architecte John S. Archibald. La franc-maçonnerie est une société internationale, partiellement secrète, prônant la fraternité et dont les membres se reconnaissent grâce à des signes et des emblèmes qui leur sont propres.

■ Le Grand Séminaire de Montréal - Le Collège de Montréal
Angle Sherbrooke et du Fort, ☎ *935-1169.*

Déjà en 1675, ce terrain appartenait aux sulpiciens qui s'y approvisionnaient en bois de chauffage. L'année suivante, ils décidèrent d'implanter une mission afin d'évangéliser les Amérindiens.

Aujourd'hui, le terrain est occupé par les bâtiments conjoints du Collège de Montréal et du Grand Séminaire. Ceux-ci furent construits en 1854, selon les plans de John Ostell.

L'attrait principal est sans aucun doute la splendide chapelle du Grand Séminaire. L'arc à l'entrée est soutenu par deux imposantes colonnes en marbre provenant de Bordeaux. Le plancher est une gigantesque mosaïque alors que les vitraux, l'orgue et le chemin de croix font de cette chapelle l'une des plus intéressantes à Montréal.

En 1974, les deux tours Martello datant du XVIIe siècle ont été classées monuments historiques par le gouvernement du Québec, avec un périmètre de protection de 162 m. En 1982, l'ensemble formé par le Grand Séminaire, le Collège de Montréal et les terrains adjacents a été déclaré site historique.

Pause-bouffe

Au Bon Croissant
2160, rue Saint-Mathieu, ☎ 935-7846

lun au mer	*7 h à 20 h*	*sam*	*7 h à 18 h*
jeu au ven	*7 h à 21 h*	*dim*	*8 h à 18 h*

Une pâtisserie disposant de quelques tables pour consommer sur place. Produits de très grande qualité, atmosphère des petites villes de France.

■ Le musée Marguerite-d'Youville
1185, rue Saint-Mathieu, ☎ 937-9501

Petit musée des soeurs grises consacré à la fondatrice de cette congrégation ayant vu le jour en 1747. On y trouve des objets religieux, des meubles et des objets d'art du XVIe siècle, ainsi que le tombeau de Marguerite d'Youville.

■ Le Centre canadien d'architecture
1920, rue Baile, ☎ 939-7000

À l'angle des rues Saint-Marc et Baile, se trouve le Centre canadien d'architecture (ouvert du mercredi au vendredi, de 11 h à 18 h, jeudi, de 11 h à 20 h, samedi et dimanche, de 11 h à 18 h; entrée 3 $). Édifice élancé avec une façade curieuse sans fenêtres et de grandes portes en verre présentant un effort minimal, le centre ne reçoit que des éloges depuis son ouverture en 1989. Il vit le jour grâce en grande partie à la mécène Phylis Lambert, fille de Samuel Bronfman. Le concept architectural, imaginé par Peter Rose, intègre le joli manoir Shaughnessy à d'harmonieux bâtiments modernes. Des galeries présentent la vaste collection de portraits, de livres et de dessins du centre par des expositions dont les thèmes portent sur les grands mouvements de différentes époques et cultures.

Derrière le centre, sur le boulevard René-Lévesque, se trouve le **Jardin de sculptures du CCA** (gratuit). Ce secteur tout entier, jadis rempli de gracieuses demeures comme le manoir Shaughnessy, fut détruit en 1969 pour permettre la construction de l'autoroute Ville-Marie. Les jardins ont cependant redonné une certaine fierté à ce qui fut jusqu'à très récemment un endroit négligé. Conçues par l'artiste et architecte montréalais de renom Melvin Charney (voir îlot Berri/métro Berri-UQAM p 15), les sculptures sont un joyeux méli-mélo d'éléments architecturaux, disposés de telle manière qu'ils rappellent les cercles de pierres antiques.

Station Guy-Concordia		
	dim au ven	sam
Vers Honoré-Beaugrand		
Premier départ	5 h 43	5 h 43
Dernier départ	0 h 48	1 h 19
Vers Angrignon		
Premier départ	5 h 51	5 h 51
Dernier départ	1 h 03	1 h 33

ATWATER ♥ ♥

Ligne n° 1 (verte)

Origine du nom : Edwin Atwater (1808-1874), originaire du Vermont, émigra au Canada vers 1830. En 1846, il participa à la fondation de la Banque d'Épargne de la Cité et du District de Montréal et à celle de la Compagnie du télégraphe de Montréal. Élu conseiller (1850-1851), puis échevin (1852-1857) du quartier de Saint-Antoine, il fut président de la Commission de l'aqueduc (1851-1857) et du Bureau de commerce de Montréal, à compter de 1861. En 1871, le Conseil municipal donna le nom d'Atwater à une rue du quartier Saint-Antoine.

Date d'inauguration : 1966

Architectes : David, Boulva et Cleve

Placée sous le boulevard de Maisonneuve, immédiatement à l'ouest de la rue Atwater, cette station a été construite à ciel ouvert. Elle comporte deux édicules ainsi que six autres accès secondaires. Une mezzanine donnant en balcon sur les quais rend la station plus spacieuse. Cette mezzanine permet également l'accès au centre commercial Alexis-Nihon. En outre, la station est rattachée au complexe Westmount Square par un corridor. Pour pallier à sa grande longueur, celui-ci présente une alternance d'espaces variables en largeur et en hauteur. Un jeu de briques de nuances beiges compose le revêtement des murs.

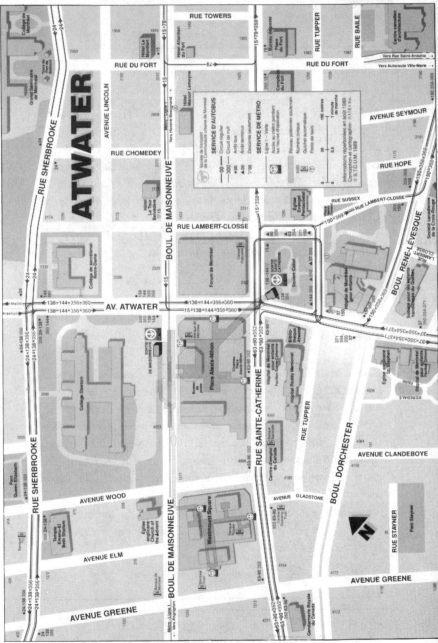

Aux alentours du métro Atwater

■ **Le Complexe du Fort**
2000, rue Sainte-Catherine Ouest, ☎ *934-6287*

Cet édifice récent, sis au coin des rues Sainte-Catherine et du Fort, abrite un hôtel de 130 chambres de luxe, toutes munies d'un petit frigo, d'un four à micro-ondes et d'un percolateur, ce qui est rare pour un hôtel de cette catégorie. On trouve également dans le Complexe, le Collège Lasalle, voué à la mode, au tourisme et à l'hôtellerie; 100 résidences et bureaux répartis sur 12 étages, un stationnement de 230 places et des boutiques.

■ **Le Forum de Montréal**
2313, rue Sainte-Catherine Ouest, ☎ *932-2582*

Bientôt délaissé par le club de hockey Les Canadiens qui compte déménager sous peu, le Forum était l'hôte jusqu'ici de près de 65 matches de hockey et 80 spectacles par année.

Il s'agit d'un véritable temple sportif connu à travers le monde grâce aux prouesses passées de légendaires vedettes de hockey : Maurice Richard, Jean Béliveau, Guy Lafleur...

■ **Le square Cabot**
Coin Sainte-Catherine et Atwater

Né à Gênes, en Italie, au milieu du XVe siècle, l'explorateur Jean Cabot (Giovanni Caboto) avait pris possession de l'Amérique du Nord au nom du roi d'Angleterre en 1497. Ce monument fut élevé en 1935 par la communauté italienne de Montréal, en hommage à leur compatriote émérite.

■ **La place Alexis-Nihon**
1500, rue Atwater, ☎ *931-2591*

Construite en 1967 et comprenant près de 135 boutiques, de même que trois cinémas, des bureaux et des appartements luxueux, la place Alexis-Nihon est reliée à la station de métro Atwater.

Pause-bouffe

Calories
4114, rue Sainte-Catherine Ouest, ☎ 933-8186

lun au jeu	*11 h à 1 h*	*sam*	*11 h à 3 h*
ven	*11 h à 2 h*	*dim*	*11 h à 1 h*

Un haut lieu de desserts, fréquenté par les anglophones. Décor grano, affiches de Garfield. Gâteaux de qualité.

■ Le Complexe Westmount Square
Rue Sainte-Catherine entre Green et Wood

Deux édifices à bureaux, deux tours résidentielles ainsi qu'une galerie commerciale comptant une quarantaine de boutiques forment ce complexe réalisé en 1966 par l'un des architectes de Chicago les plus renommés : Ludwig Mies van der Rohe.

On dit du complexe Westmount Square qu'il est le premier immeuble moderne arborant des murs-rideaux en verre.

Durant les années quatre-vingt, des modifications ont dû être apportées au bâtiment. Celles-ci furent effectuées par des architectes influencés par des modes passagères, ce qui souleva un débat sur la sauvegarde du patrimoine architectural récent.

■ L'Église anglicane Church of The Advent
4119, boul. de Maisonneuve Ouest

Construite en 1882, agrandie en 1896 et 1897, cette église anglicane néo-gothique est la réalisation des architectes Cox et Amos.

■ **L'ancienne maison mère des soeurs grises/
le collège Dawson**
3040, rue Sherbrooke Ouest, ☎ *931-8731*

Classé monument historique en 1977, ce bâtiment dessiné par
Jean-Omer Marchand surprend avec sa magnifique chapelle au
triple dôme de cuivre situé au centre du couvent. Ce dernier
abrite, depuis 1988, le collège Dawson, premier collège
d'enseignement général et professionnel (CEGEP) anglophone au
Québec, fondé en 1969. Il compte près de 9 500 étudiants.

Station Atwater		
	dim au ven	**sam**
Vers Honoré-Beaugrand		
Premier départ	5 h 42	5 h 42
Dernier départ	0 h 47	1 h 17
Vers Angrignon		
Premier départ	5 h 52	5 h 52
Dernier départ	1 h 04	1 h 34

La station suivante est Lionel-Groulx (voir détails p 209)

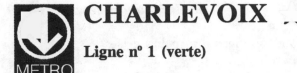

CHARLEVOIX

Ligne n° 1 (verte)

Origine du nom : La rue Charlevoix reçut ce nom en 1890 en mémoire de François-Xavier de Charlevoix (1682-1761), jésuite et historien français qui vint en Nouvelle-France en 1720 et qui participa à l'exploration du Mississippi.

Date d'inauguration : 1978

Architectes : Ayotte et Bergeron

Sise à l'intersection des rues Centre et Charlevoix, cette station dessert Pointe Saint-Charles, un vieux quartier de Montréal. La présence de schistes d'Utica dans la formation rocheuse souterraine a imposé la construction d'un ouvrage de moindre emprise, soit une station à voies superposées. La station a donc la même largeur que le tunnel de voie courante et comporte un quai au niveau de chaque voie. Un escalier fixe relie les deux niveaux de quai. Un corridor se prolongeant par un escalier mécanique amorce la montée vers la sortie. Puis, de la mezzanine où se trouve la salle de contrôle, on emprunte un second escalier rejoignant l'édicule qui s'ouvre généreusement vers l'extérieur. Deux verrières aux reflets multicolores ont été placées le long des escaliers mécaniques afin d'agrémenter ce parcours. Les coloris de cette oeuvre (une réalisation de Mario Merola et Pierre Osterrath) s'intègrent particulièrement bien aux murs de la station, constitués de briques à face légèrement texturée et glacées de couleur rouge-orangé.

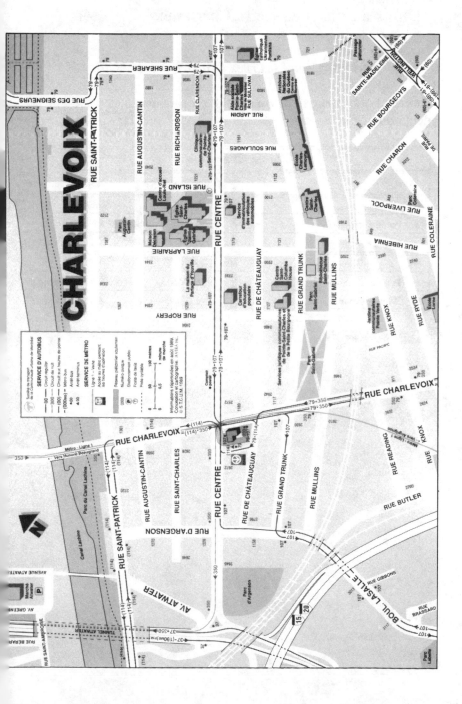

Aux alentours du métro Charlevoix

■ Le parc Saint-Gabriel
rue Charlevoix, entre les rues Grand Trunk et Mullins

Ce terrain, acquis par la ville en 1862, fut aménagé en parc au début du siècle.

Station Charlevoix		
	dim au ven	sam
Vers Honoré-Beaugrand		
Premier départ	5 h 38	5 h 38
Dernier départ	0 h 43	1 h 13
Vers Angrignon		
Premier départ	5 h 56	5 h 56
Dernier départ	1 h 08	1 h 38

METRO

LASALLE ★★★

Ligne n° 1 (verte)

Origine du nom : Cette station est située proche de l'extrémité est du boulevard LaSalle, voie longeant le fleuve Saint-Laurent dans les villes de Verdun et de LaSalle. Son nom rappelle Robert Cavelier de La Salle (1643-1687), fondateur de la Louisiane. En 1667, il avait reçu la côte Saint-Sulpice en arrière-fief et il fut, de ce fait, à l'origine du premier village de Lachine.

Date d'inauguration : 1978

Architectes : Didier, Gillon et Larouche

Le seul édicule de la station LaSalle est situé non loin de l'intersection de la rue Rushbrooke et de l'avenue Caisse, au coeur d'un complexe résidentiel récent. Réalisée à ciel ouvert, cette station a été conçue comme une oeuvre globale intégrant la salle de contrôle aux quais par la création de plafonds inclinés qui permettent un contact visuel direct entre ces deux volumes. L'introduction de la lumière du jour se fait par un puits de lumière joint aux plafonds à l'aide de deux murs obliques qui déterminent le grand volume de la salle de contrôle. Sur l'un de ces murs, face au soleil, Peter Gnass a réalisé une immense sculpture en acier inoxydable. Reflétant tout à la fois la lumière naturelle et les mouvements de la foule, elle donne l'effet d'une mosaïque mobile. Les murs sont constitués de béton et les planchers recouverts de granit noir. Des masses colorées rouges et mauves égayent la station.

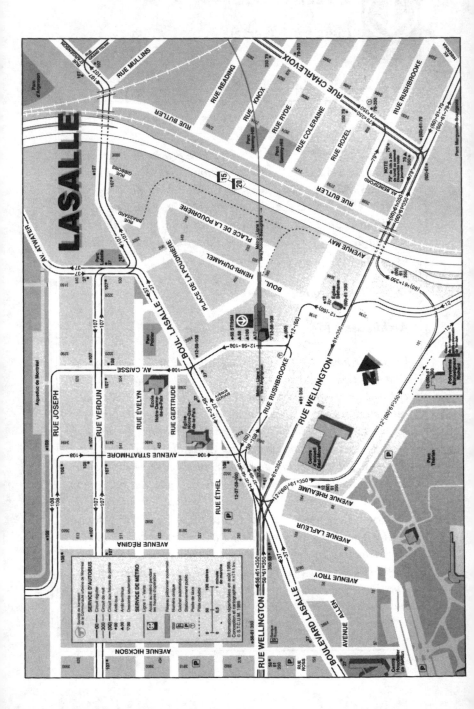

Aux alentours du métro LaSalle

■ La maison Saint-Gabriel
2146, rue Favard, ☎ *935-8136*

Cette maison est l'une des plus anciennes à Montréal (1698). Elle a remplacé une ferme et un couvent datant de 1668, propriétés de la congrégation Notre-Dame, qui hébergeaient les «filles du roi» à leur arrivée au Canada. La maison Saint-Gabriel est aujourd'hui un musée qui rappelle cette époque.

Ouvert tous les jours, sauf le lundi.

Station LaSalle		
	dim au ven	sam
Vers Honoré-Beaugrand		
Premier départ	5 h 37	5 h 37
Dernier départ	0 h 42	1 h 12
Vers Angrignon		
Premier départ	5 h 57	5 h 57
Dernier départ	1 h 09	1 h 39

METRO

DE L'ÉGLISE

Ligne n° 1 (verte)

Origine du nom : L'avenue qui a donné son nom à cette station est une des plus anciennes voies de ce secteur. Son tracé figure sur une carte de 1834, mais aucun nom ne l'identifie. Elle est alors le seul lien entre la côte Saint-Paul (l'actuelle rue Saint-Patrick) et le chemin de la Rivière-Saint-Pierre (l'actuel boulevard LaSalle). Une carte de 1879 identifie l'actuelle avenue de l'Église comme le chemin de la Côte-Saint-Paul. On ignore en quelle année le nom d'avenue de l'Église lui fut attribué, mais ce changement fait suite à la construction de la première église Saint-Paul.

Date d'inauguration : 1978

Architectes : Lemay et Leclerc

La station de l'Église est localisée sous la rue Wellington, dans la ville de Verdun. Elle traverse une formation rocheuse contenant des schistes d'Utica. Lors des travaux d'excavation du gros-oeuvre, un brusque fontis se produisit, obligeant les architectes à modifier le concept de la station : moins larges, des voies superposées vinrent remplacer le type standard de station à deux quais latéraux. La station comporte deux accès, l'édicule Galt et l'édicule de l'Église, sis à chaque extrémité. La situation physique de ces accès a amené l'implantation de courts revirements pour atteindre les quais. La structure se déplie donc sur elle-même en plans dégradés. Les murs, en béton, sont modulés et ponctués en certains endroits de formes abstraites constituées de briquettes de céramique aux couleurs automnales. Près des accès, l'artiste Claude Théberge a réalisé des murales en bas-relief aux motifs qui suggèrent l'animation.

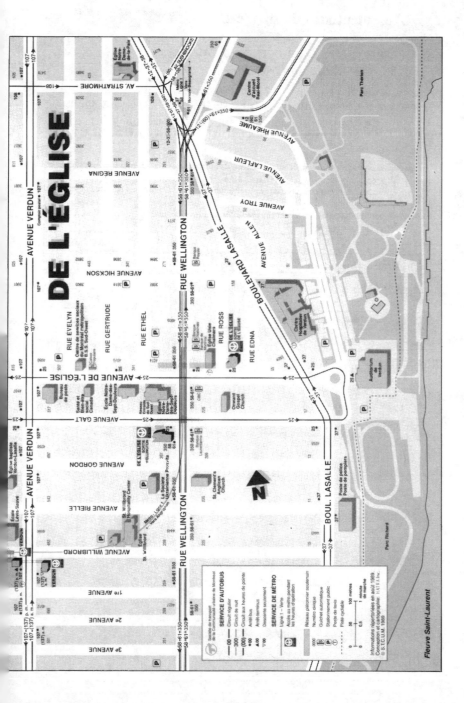

Aux alentours du métro De l'Église

■ **L'église Notre-Dame des Sept Douleurs**
4155, rue Wellington (Verdun)

C'est en 1905 que fut construite cette église selon les plans de l'architecte Joseph Venne. Elle fut parachevée dans les années dix.

Station De L'Église		
	dim au ven	**sam**
Vers Honoré-Beaugrand		
Premier départ	5 h 36	5 h 36
Dernier départ	0 h 41	1 h 10
Vers Angrignon		
Premier départ	5 h 59	5 h 59
Dernier départ	1 h 11	1 h 41

VERDUN ★★★

Ligne n° 1 (verte)

Origine du nom : *On doit remonter jusqu'au XVIIe siècle pour trouver l'origine du nom de Verdun qui désigne aujourd'hui une municipalité, une avenue et une station de métro. Le 26 décembre 1671, le Séminaire concéda en fief noble un domaine à cet endroit à Zacharie Dupuis, major de l'île, déjà mis en possession quoique sans contrat. Le major Dupuis, natif de la localité de Saverdun, au sud de la France, nomma sa concession Fief-de-Verdun en souvenir de son lieu d'origine.*

Date d'inauguration : *1978*

Architecte : *Jean-Maurice Dubé*

La station Verdun est située au coeur de la ville du même nom, face à l'hôtel de ville. Ses deux édicules sont implantés de part et d'autre de l'avenue de Verdun. Pour compenser la profondeur de la station, l'architecte a créé une ambiance de liberté en décloisonnant les espaces pour aménager un grand volume monumental largement ouvert sur les quais. Ce volume est soutenu par des cadres bien découpés. Un puits de lumière, près des contrôles, constitue le seul lien direct avec l'extérieur. De grands luminaires assurent un éclairage adéquat. Intégrant l'art au concept architectural, Antoine D. Lamarche a réalisé une murale couvrant la plupart des murs de la station. Ainsi, des motifs en relief parent la partie supérieure des murs tandis que la partie inférieure est revêtue de panneaux de béton blanc sur lesquels se juxtaposent des lignes brisées de couleurs rouge et magenta. Les accessoires, peints jaune soleil, ajoutent un éclat supplémentaire à l'ensemble.

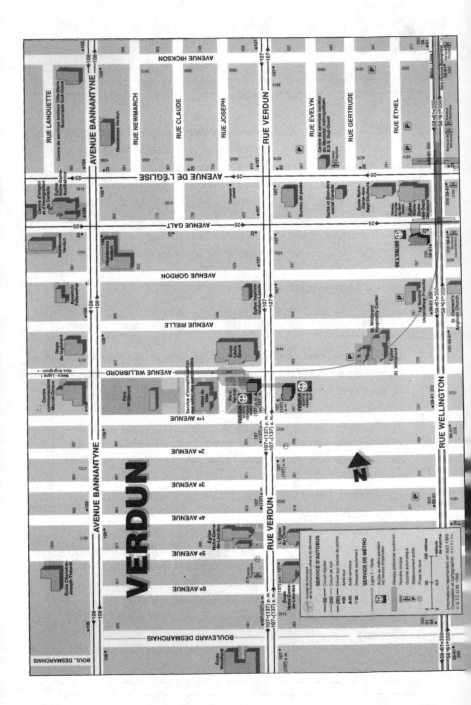

Aux alentours du métro Verdun

■ CKOI FM et CKVL AM
211 Av. Gordon, ☎ *766-2311*

Radio Futura est propriétaire de ces deux stations radiophoniques bien connues des montréalais. CKVL 850 AM, tout d'abord, qui vit le jour en 1946. On y a tenu de célèbres radiothons en direct jusque dans les années soixante, alors que la télévision prit la relève...

L'année 1953 vit naître CKVL FM, qui devint CKOI 96,9 en décembre 1976. Nantie d'une antenne radio de 307 000 W, la plus puissante au Canada, la station CKOI compte un auditoire totalisant plus d'un million de personnes.

Station Verdun		
	dim au ven	sam
Vers Honoré-Beaugrand		
Premier départ	5 h 34	5 h 34
Dernier départ	0 h 39	1 h 09
Vers Angrignon		
Premier départ	6 h 00	6 h 00
Dernier départ	1 h 12	1 h 42

METRO

JOLICOEUR ★

Ligne n° 1 (verte)

Origine du nom : La voie qui avait porté les noms de Du Bois, Marie-Anne, Clovis et Wedgewood, fut renommée Rue Jolicoeur en 1914. J.-Moïse Jolicoeur fut le curé fondateur de la paroisse de Notre-Dame-du-Perpétuel-Secours, en 1906.

Date d'inauguration : 1978

Architecte : Claude Boucher

La station Jolicoeur est située dans le parc de La Vérendrye. Construite en tranchée ouverte selon un plan simple, mais efficace, cette station se compose de deux éléments : l'édicule et les quais. Les murs de l'édicule sont entièrement constitués de verre, supporté par une structure métallique noire, qui elle-même est chapeautée d'un plafond jaune. Une mezzanine s'ouvre largement sur les quais permettant une pénétration maximale de la lumière naturelle jusqu'à leur niveau. Les autres murs de la station sont tapissés avec de la brique de béton texturé, posée à la verticale. Sur le sol des quais, 42 triangles orangés inscrits dans des cercles noirs forment l'apport artistique.

Station Jolicoeur		
	dim au ven	sam
Vers Honoré-Beaugrand		
Premier départ	5 h 33	5 h 33
Dernier départ	0 h 38	1 h 08
Vers Angrignon		
Premier départ	6 h 01	6 h 01
Dernier départ	1 h 13	1 h 43

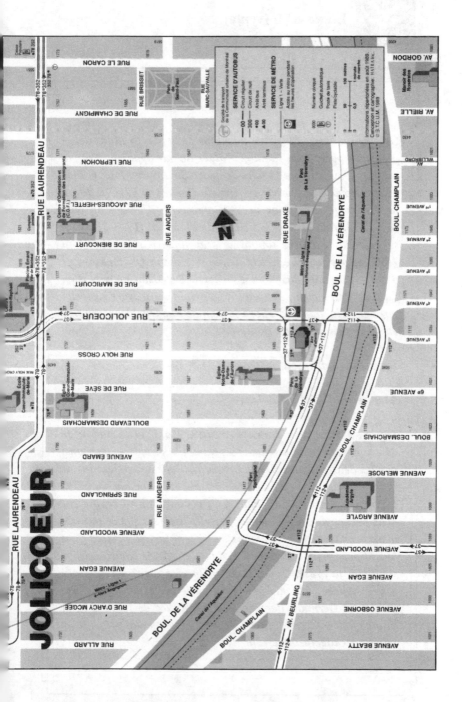

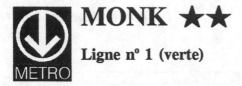

MONK ★★
Ligne nº 1 (verte)

Origine du nom : *Plusieurs membres de la famille Monk occupèrent un poste dans la magistrature ou participèrent à la vie politique, mais le plus connu demeure Sir James Monk (1745-1826). Nommé procureur général du Québec en 1776, il devint juge subrogé à la Cour de Vice-amirauté (1778-1788), puis juge en chef du district judiciaire de Montréal (1793-1820). Il se peut aussi que ce toponyme s'explique par le fait qu'en 1899 les avocats Frederick D. Monk, Joseph-Ulric Émard et d'autres associés achetèrent la terre Davidson en vue d'en faire le lotissement. On ouvrit une voie au travers de cette terre et on lui donna d'abord le nom de Rue Davidson, changé en 1911 pour celui de Boulevard Monk.*

Date d'inauguration : *1978*

Architectes : *Blais et Bélanger*

Située au croisement des rues Allard et Monk, cette station se développe sur trois niveaux : les quais, le grand volume ainsi que les deux édicules. De la brique rustique de couleur brune pare les murs des quais et du corridor, s'associant au béton à certains endroits. Le plafond du volume central repose sur deux arches de section variable qui s'assoient sur le roc. Ce motif architectural se retrouve également un peu partout dans la station. Un puits de lumière, dans la salle de contrôle, vient souligner la présence des deux sculptures représentant, sous forme stylisée, des ouvriers maniant le pic et la pelle. Cette oeuvre de Germain Bergeron est constituée de tubes d'acier orange foncé. Cette station à l'aspect monumental présente un intérêt architectural certain.

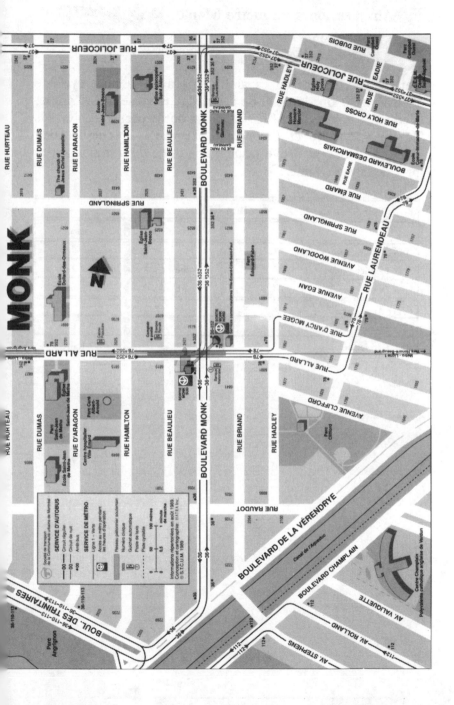

Aux alentours du métro Monk

■ Le canal de l'Aqueduc

Faisant concurrence au canal Lachine avec sa piste cyclable d'environ 10 km, le canal de l'Aqueduc traverse Ville Lasalle, Verdun et Pointe Saint-Charles. Il est bordé par les boulevards de La Vérendrye et Champlain. Ce canal a pour fonction d'amener l'eau du fleuve jusqu'à une usine de filtration située près de la rue Atwater.

Station Monk		
	dim au ven	sam
Vers Honoré-Beaugrand		
Premier départ	5 h 31	5 h 31
Dernier départ	0 h 36	1 h 06
Vers Angrignon		
Premier départ	6 h 03	6 h 03
Dernier départ	1 h 15	1 h 45

ANGRIGNON ★★★♥

Ligne n° 1 (verte)

Origine du nom : J.-B. Arthur Angrignon (1875-1948) fut échevin du quartier de Saint-Paul, de 1921 à 1934, et membre du Comité exécutif de la Ville de Montréal de 1928 à 1930. Il contribua largement à l'essor de ce quartier et, dès 1927, on donna son nom au parc aménagé sur l'ancien terrain de la famille Crawford.

Date d'inauguration : 1978

Architecte : Jean-Louis Beaulieu

Cette station terminus de la ligne n° 1 a été implantée dans le parc Angrignon où elle occupe une superficie de 50 000 mètres carrés. La pelouse du parc s'incline jusqu'à la fenestration des quais de la station, y amenant soleil et verdure. La mezzanine, au niveau du sol, constitue un vaste espace vitré, couvert d'une série de dômes transparents se prolongeant en abri extérieur. Ce concept permet au voyageur de sentir l'omniprésence du parc dans ses déplacements, depuis sa sortie du train jusqu'à sa correspondance avec les autobus ou les autres modes de transport. Pour soutenir autant de clarté, des couleurs vives et chaudes ont été employées. Ainsi, des orangés et des rouges colorent les formes arrondies de la station, s'harmonisant au vert naturel environnant. En 1979, l'Ordre des Architectes du Québec reconnaissait les qualités indéniables de la station en décernant un premier prix d'excellence à son concepteur, Jean-Louis Beaulieu.

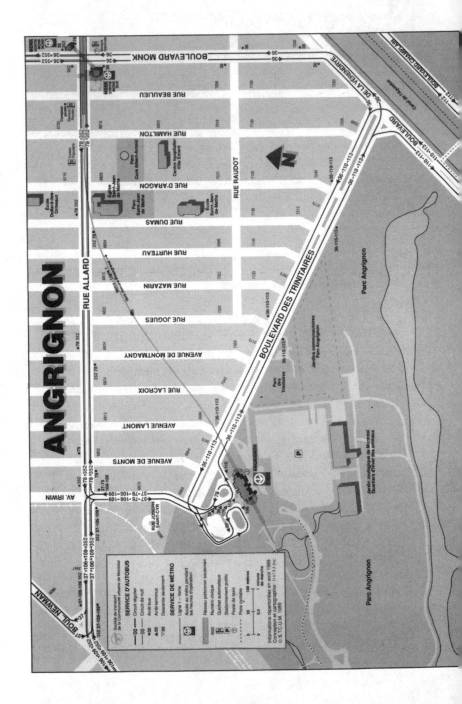

Aux alentours du métro Angrignon

■ **Le parc Angrignon**
Au coin des boulevards des Trinitaires et de La Vérendrye,
☎ *872-6211*

Ce parc de 107 ha est animé, hiver comme été. Pendant la belle saison, on y rencontre de nombreux promeneurs et pique-niqueurs, de même que des cyclistes profitant d'une piste de 6,5 km. L'hiver, le ski de fond est à l'honneur. On y présente également la **Féerie d'hiver**, un spectacle de lumières scintillantes et de décorations éblouissantes.

■ **Le canal de l'Aqueduc**
(Voir métro Monk p 124)

Station Angrignon		
	dim au ven	sam
Vers Honoré-Beaugrand		
Premier départ	5 h 30	5 h 30
Dernier départ	0 h 35	1 h 05

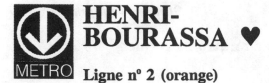

HENRI-BOURASSA ♥

METRO Ligne n° 2 (orange)

Origine du nom : Fils du peintre et architecte Napoléon Bourassa et petit-fils de Louis-Joseph Papineau, Henri Bourassa (1868-1952) connut une brillante carrière politique et journalistique. Élu maire de Montebello à l'âge de 22 ans, il fut par la suite député aux gouvernements fédéral et provincial. Fervent nationaliste canadien-français, il fonda, en 1910, Le Devoir dont il resta rédacteur en chef jusqu'en 1932.

Date d'inauguration : 1966

Architectes : J. Warunkiewicz, André Léonard, Claude Leclerc

Construite dans le roc, cette station se situe à l'angle de la rue Berri et du boulevard Henri-Bourassa. Pénétrant par l'édicule Berri, on peut apercevoir deux murales, au niveau de la salle de contrôle, l'une sur le mur sud, l'autre au-dessus des escaliers mécaniques. Réalisées par André Léonard, ces murales fortement texturées sont constituées de blocs de terracotta. Un long corridor suivi d'un second escalier relie ce volume à un autre espace comprenant une salle de contrôle faisant face à deux édicules donnant sur le côté sud du boulevard Henri-Bourassa. Sur le mur séparant ces deux accès, une murale de couleur ocre attire le regard des passants. Cette oeuvre collective d'enfants est formée de 360 blocs de béton et a pour thèmes l'habitation, les citoyens, les parcs et les transports. Ce volume se prolonge vers l'est par un corridor menant à l'édicule Henri-Bourassa nord où l'on retrouve une murale de béton (Jacques Huet) ayant cette fois pour thème «le réveil de la conscience par la solitude». Le corridor aboutit finalement au terminus d'autobus de la Commission de transport de Laval.

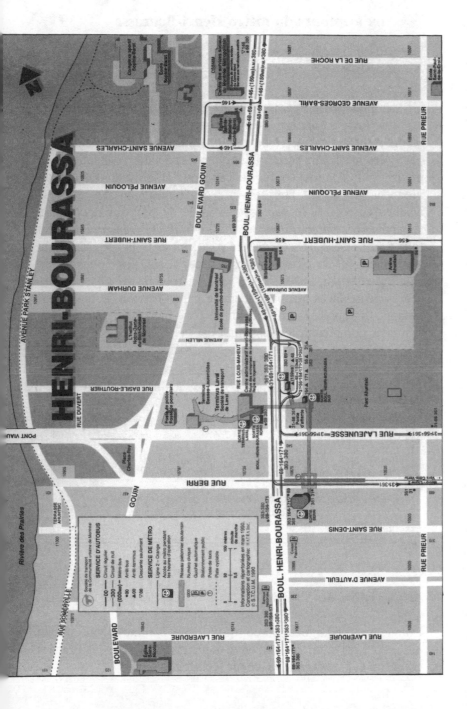

Aux alentours du métro Henri-Bourassa

■ Le parc Ahuntsic
Angle Lajeunesse et Henri-Bourassa

Un des plus grands parcs du nord de la ville, le parc Ahuntsic est situé juste à l'arrière de l'édicule sud de la station de métro Henri-Bourassa. Il est bien connu pour sa butte (construite à partir des matériaux recueillis lors de l'excavation des tunnels du métro, tout comme ce fut le cas pour l'île Notre-Dame) où viennent glisser les familles lors des belles journées d'hiver. Malheureusement, le parc est atrophié de près du tiers de sa superficie par un stationnement. D'importantes rénovations sont toutefois censées transformer le parc, incluant la disparition du stationnement. Lors des belles soirées d'été, les couchers de soleil y sont particulièrement beaux à travers les gigantesques arbres centenaires qui parsèment le parc. Terrain de jeux pour enfants, barboteuses et terrain de base-ball ainsi que l'aréna Ahuntsic complètent les installations.

Pause-bouffe

Les Prés
10490, rue Lajeunesse, ☎ *381-0247*

lun au mer	*11 h à 24 h*	*sam*	*10 h 30 à 1 h*
Jeu et ven	*11 h à 1 h*	*dim*	*10 h 30 à 23 h*

Cette grande chaîne offre depuis ses débuts des repas complets à prix abordables. Son menu recèle plusieurs plats santé, de qualité.

■ La rivière des Prairies

Longtemps dédaignée parce qu'utilisée comme égout à ciel ouvert par les municipalités environnantes, la rivière des Prairies commence à regagner le coeur des habitants du quartier. En effet, d'importants travaux de dépollution combinés à une belle mise en valeur de ses berges (nombreux parcs et espaces verts) permettent d'envisager de bien belles années pour la rivière ainsi que pour la faune et la flore qui en dépendent. Cette rivière débute à l'extrémité ouest de l'île de Montréal, dans le lac des Deux-Montagnes, pour se jeter dans le fleuve Saint-Laurent à l'extrémité est de l'île. Plusieurs îles y baignent, la plus célèbre étant l'île de la Visitation, située à proximité de la rue Papineau. Une centrale hydro-électrique y est exploitée, et on y retrouve aussi une aire d'atterrissage pour les hydravions.

■ **Le parc Stanley**

Parmi les espaces verts qui bordent la rivières des Prairies, il convient de noter ce très beau parc situé tout juste à l'est du pont Viau. Aux environs, on remarque de très jolies demeures bi-centenaires.

Station Henri-Bourassa		
	dim au ven	sam
Vers Côte-Vertu		
Premier départ	5 h 30	5 h 30
Dernier départ	0 h 39	1 h 11

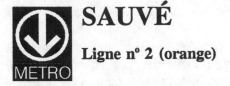

SAUVÉ

Ligne n° 2 (orange)

Origine du nom : La rue Sauvé a été ainsi nommée en 1912. Ce nom spécifique, comme plusieurs autres, reprend celui d'un ancien propriétaire des terrains traversés par cette rue.

Date d'inauguration : 1966

Architecte : A. Niklewicz

Cette station possède deux édicules implantés de part et d'autre de la rue Sauvé. Ces deux accès convergent vers un grand volume contenant la salle de contrôle et les escaliers mécaniques menant à la passerelle surplombant les quais. Les murs et les planchers ont été recouverts de céramique de formes et de couleurs diverses.

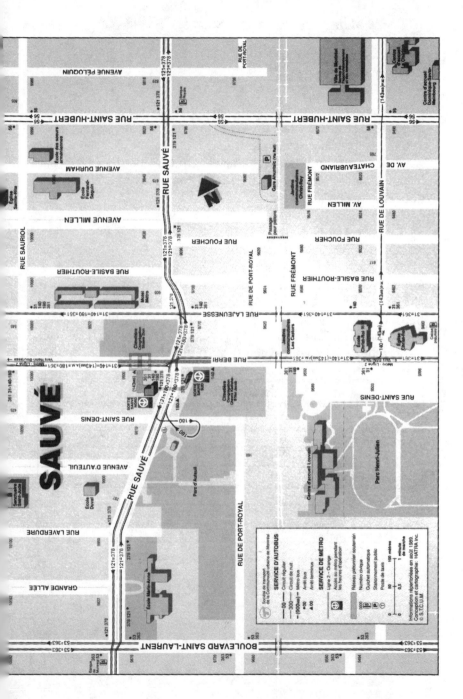

Aux alentours du métro Sauvé

■ L'église Christ-Roy
9400, rue Lajeunesse

Sortie tout droit des années soixante, cette église au toit plat est l'oeuvre des architectes Boyer et Gagnier. Elle fut érigée en 1965. À remarquer, les poutres qui, à l'intérieur, se rencontrent sur le mur du fond, derrière l'autel. On a voulu démontrer par là que l'autel est le lieu vers lequel tout converge et à partir duquel tout rayonne.

■ Le parc Henri-Julien
Angle Saint-Denis et Louvain

Grand parc dans un environnement pour le moins insolite. Enserré entre un quartier résidentiel et un quartier industriel, le parc fait le lien entre le travail et le repos. On y trouve également deux terrains de soccer, quatre terrains de base-ball, un terrain de jeux pour enfants, ainsi que des courts de tennis.

Station Sauvé		
	dim au ven	sam
Vers Henri-Bourassa		
Premier départ	6 h 07	6 h 07
Dernier départ	1 h 10	1 h 41
Vers Côte-Vertu		
Premier départ	5 h 31	5 h 31
Dernier départ	0 h 40	1 h 13

METRO

CRÉMAZIE ★

Ligne n° 2 (orange)

Origine du nom : Octave Crémazie (1827-1879) fit ses études au Séminaire de Québec, puis s'associa à son frère Joseph qui dirigeait une petite librairie. L'entreprise se développa et Octave Crémazie acquit une réputation d'intellectuel et de lettré. Il publiait ses pièces en vers dans les journaux locaux et son Drapeau de Carillon, publié en 1858, le consacra «poète national». Après s'être mêlé de contrefaçon de signatures, il dut quitter clandestinement Québec en 1862 pour se réfugier en France. Il mourut au Havre en 1879. Malgré cette sombre histoire, sa renommée littéraire n'a connu aucun déclin. En 1914, on nommait le boulevard Crémazie à sa mémoire.

Date d'inauguration : 1966

Architecte : A. Niklewicz

Les deux édicules de la station Crémazie, situés de part et d'autre du boulevard Crémazie, acheminent les voyageurs vers une salle de contrôle s'ouvrant dans un grand volume intérieur. Bien dégagée, la section centrale des quais fait partie de ce volume dont le mur est paré d'une murale signée Georges Lauda et Paul Pannier. Surtout composée de céramique, cette oeuvre illustre la poésie dans l'univers, ce qui explique la présence symbolisée d'un système solaire et des signes du zodiaque. Les seules pièces de ce bas-relief qui ne sont pas en céramique sont des masques de fer soudé de l'atelier de Gérard Cordeau, de Saint-Pie-de-Bagot. Ces masques représentent quelques-uns des poètes québécois tels Crémazie, Fréchette, Nelligan... Les murs de la station sont principalement revêtus de tuiles de céramique aux tons de beige.

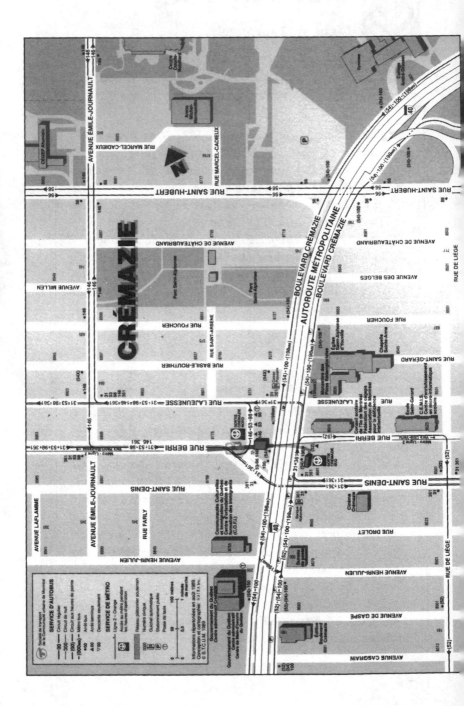

Aux alentours du métro Crémazie

■ **Le Monastère des pères rédemptoristes**
560, boul. Crémazie, ☎ *388-1161*

Les pères rédemptoristes ont érigé en 1914 ce monastère qui sert également de presbytère à l'église Saint-Alphonse d'Youville.

■ **Le complexe sportif Claude-Robillard**
1000, rue Émile-Journault, ☎ *872-6911*

Construit dans le cadre des Jeux Olympiques de 1976, ce centre fut le théâtre de quelques compétitions et servit de lieu d'entraînement pour les athlètes. Après les jeux, la Ville de Montréal a ouvert le complexe sportif au grand public. Le complexe impressionne par la grandeur des installations et par la diversité des activités qu'on peut y pratiquer. On y retrouve entre autres des courts de tennis (intérieurs et extérieurs), deux terrains de base-ball, deux terrains de soccer, une piste ovale de 400 m à l'extérieur et une autre dans la salle omnisports, une salle d'escrime, une salle de musculation, un gymnase et une piscine. La piscine abrite trois bassins, dont un de plongeon avec une tour en béton (rampes entre 3 et 10 m de hauteur). Les dimensions des trois bassins correspondent aux normes du comité organisateur olympique. L'aréna Michel-Normandin est située sur le site du complexe sportif.

■ **Le boisé Saint-Sulpice**
Face au complexe sportif Claude Robillard

Constitué par ce qui subsiste de l'ancien domaine des pères sulpiciens, démantelé au cours de la première moitié du XXᵉ siècle, ce coin de verdure permet de retrouver la nature au coeur de la ville. Après avoir été longtemps menacé (et utilisé comme dépotoir), le boisé bénéficie maintenant du statut de parc, et des sentiers pédestres y ont été aménagés. On peut s'y reposer en observant plusieurs espèces d'oiseaux.

Station Crémazie		
	dim au ven	sam
Vers Henri-Bourassa		
Premier départ	6 h 05	6 h 05
Dernier départ	1 h 08	1 h 39
Vers Côte-Vertu		
Premier départ	5 h 33	5 h 33
Dernier départ	0 h 42	1 h 15

JARRY ♥

Ligne n° 2 (orange)

Origine du nom : *La rue Jarry rappelle Stanislas Blénier dit Jarry père, cultivateur et propriétaire de la terre à travers laquelle cette voie fut ouverte.*

Date d'inauguration : 1966

Architectes : Lemoyne, Bland, Edwards et Shine

On accède à cette station, située sous la rue Jarry entre les rues Berri et Lajeunesse, par un édicule intégré à un immeuble d'habitation. De là, un escalier mène à la salle de contrôle qui inclut la passerelle et des escaliers la reliant aux quais. Le plafond de cette partie de la station est constitué de caissons de béton brun dans lesquels on a inséré des tubes fluorescents. Ce stratagème, combiné à un choix de matériaux aux couleurs neutres, produit une ambiance calme favorisant la détente. La plupart des murs de la station sont tapissés de panneaux de pastilles de céramique grise et les planchers sont recouverts de tuiles de carrière brunes.

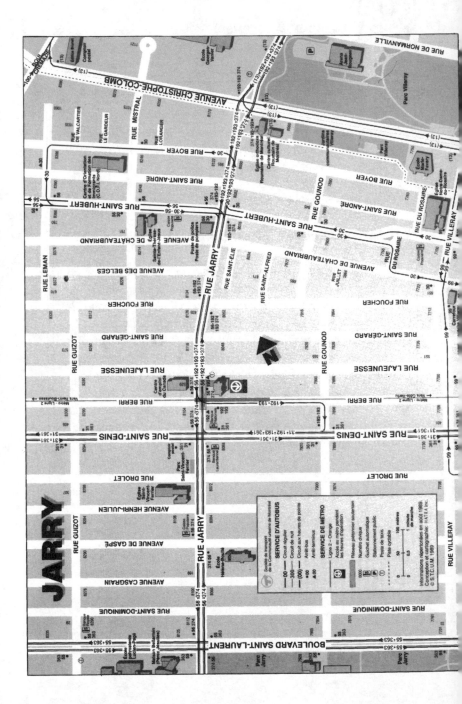

Aux alentours du métro Jarry

■ **Le parc Jarry**
7920, boul. Saint-Laurent

Ce parc vit le jour en 1925. Le grand stade qu'on y trouve fut bâti en catastrophe en 1968-69 alors que la Ville de Montréal venait d'obtenir une franchise dans la ligue nationale de base-ball. Il fallait donc un site capable de recevoir une trentaine de milliers de personnes et pourvu des équipements adéquats pour accueillir les équipes concurrentes en accord avec les règles du jeu. Les Expos y jouèrent donc (et gagnèrent) leur premier match en avril 1969. Moins de dix ans plus tard, l'équipe déménagea au stade Olympique. Aujourd'hui, la population jouit toujours de cet espace vert et de sa piscine extérieure. L'hiver, il est possible d'y pratiquer le ski de randonnée grâce à une piste de 1,6 km.

Sur le site, on retrouve une sculpture de Linda Covit, qui est en fait un monument pour la paix, consistant en deux «portes» au pied desquelles sont empilées des répliques en bronze de jouets de guerre. De plus, les débris de plus de 12 700 jouets «violents», dont se sont volontairement départis des enfants de la ville, sont enfouis sous le monument. Enfin, le Pavillon Jean-Paul II du Parc Jarry rappelle, par son architecture, le podium sur lequel le Pape célébra la messe lors de son passage en 1984.

Pause-bouffe

Filotipizzeria
206, Jarry Est (coin De Gaspé), ☎ *381-8176*

lun au jeu	*10 h à 1 h*
ven et sam	*10 h à 2 h*
dim	*10 h à 24 h*

Casse-croûte de quartier où l'on mange une des meilleures pizzas à Montréal.

Station Jarry		
	dim au ven	sam
Vers Henri-Bourassa		
Premier départ	6 h 03	6 h 03
Dernier départ	1 h 07	1 h 37
Vers Côte-Vertu		
Premier départ	5 h 35	5 h 35
Dernier départ	0 h 44	1 h 16

JEAN-TALON

Ligne n° 2 (orange)
Ligne n° 5 (bleue)

Origine du nom : Jean Talon (1626-1694) fut intendant de la Nouvelle-France de 1665 à 1668 et de 1670 à 1672. Il prit une série de mesures visant à faciliter les communications, à réorganiser la justice, à densifier l'occupation du territoire et à diversifier les secteurs d'activités économiques.

Date d'inauguration : 1966

Architectes : Duplessis, Labelle, Derome (1966), Gilbert Sauvé (1986)

Située sous la rue Jean-Talon entre les rues Saint-Denis et Saint-Hubert, cette station, qui dessert la ligne 2 depuis l'ouverture du métro en 1966, est devenue une station de correspondance avec la ligne 5 en 1986. Pour rendre possible cette nouvelle vocation, on a construit un tunnel perpendiculaire à la ligne 2 qui contient deux quais superposés desservant la ligne 5. Les quais se déversent sur deux volumes localisés de part et d'autre des quais de la ligne 2. Ces volumes se composent d'un espace recevant trois niveaux. Pour faciliter l'orientation des voyageurs, l'architecte a identifié les différents espaces à la couleur des lignes desservies. De plus, dans les corridors, des cercles bleus ou orange servent à repérer la rencontre des grands volumes et les croisées de circulation. À l'approche des escaliers, des demi-cercles contenant six couleurs (trois teintes de bleu et trois d'orange) assistent le voyageur dans la recherche de son chemin de destination. Finalement, sur le mur nord du volume principal, une murale de Judith Klein est visible des trois niveaux. Elle est composée de 256 panneaux illustrant le mouvement créé par la rencontre des lignes de métro à cet endroit.

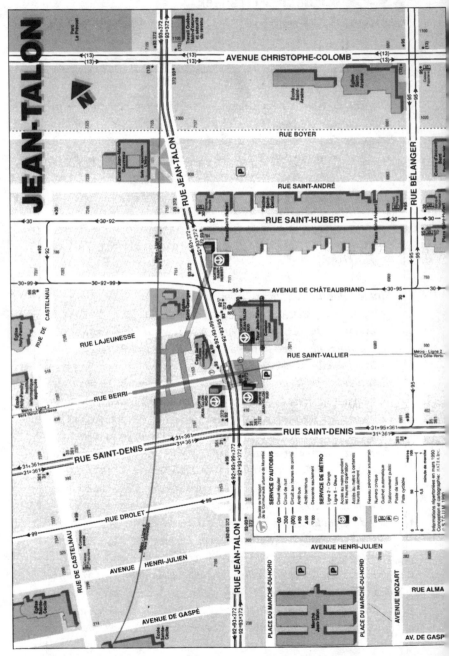

Aux alentours du métro Jean-Talon

■ La Casa Italia
505, rue Jean-Talon Est, ☎ *279-6357*

Établi en cet endroit depuis 1936, grâce au support de la communauté et du gouvernement italien, ce centre culturel offre fréquemment des spectacles et des expositions.

■ Le marché Jean-Talon
7075, rue Casgrain, ☎ *872-6235*

C'est à voir. Si ce n'est pour y faire son marché, on peut simplement s'y rendre pour apprécier les odeurs et les couleurs, ou pour écouter les marchands vendre leurs denrées. On y retrouve des produits locaux, et les petites boutiques qui l'entourent offrent tout ce qui est nécessaire pour bien garnir un garde-manger : boucherie, boulangerie, fromagerie... Le marché a été construit sur l'ancien site Shamrok, où les premiers immigrants irlandais venaient se détendre et jouer à la crosse.

Station Jean-Talon		
	dim au ven	sam
Vers Henri-Bourassa		
Premier départ	6 h 02	6 h 02
Dernier départ	1 h 05	1 h 36
Vers Côte-Vertu		
Premier départ	5 h 35	5 h 35
Dernier départ	0 h 45	1 h 18
Vers Snowdon	Tous les jours	
Premier départ	5 h 34	
Dernier départ	23 h 14	
Vers Saint-Michel		
Premier départ	5 h 41	
Dernier départ	23 h 11	

BEAUBIEN

Ligne n° 2 (orange)

Origine du nom : La station de métro et la rue Beaubien rappellent une des grandes familles canadiennes-françaises dont plusieurs membres ont réalisé de brillantes carrières dans les domaines de la politique ou de la finance ou dans les professions libérales. Cette famille, notamment le docteur Pierre Beaubien, possédait, au tournant du siècle, d'importantes superficies de terrain à Outremont.

Date d'inauguration : 1966

Architecte : Roger Dastous

La station Beaubien possède un seul édicule implanté un peu au nord de la rue Beaubien entre la rue de Saint-Vallier et l'avenue de Châteaubriand. Comme la majorité des stations du premier réseau de métro, cette station a été conçue dans le roc selon un plan fonctionnel. Ainsi, de l'édicule, où a été aménagée la salle de contrôle, on accède au niveau mezzanine par une batterie d'escaliers mécanisées. La mezzanine comprend un espace coiffé d'un puits de lumière suivi d'une passerelle au plafond voûté. Des escaliers fixes font le lien avec les quais. Les murs ont été revêtus de granit gris au niveau des quais, de briquettes de céramique brune et orange au niveau de la mezzanine et de briques de céramique glacée orange dans l'édicule.

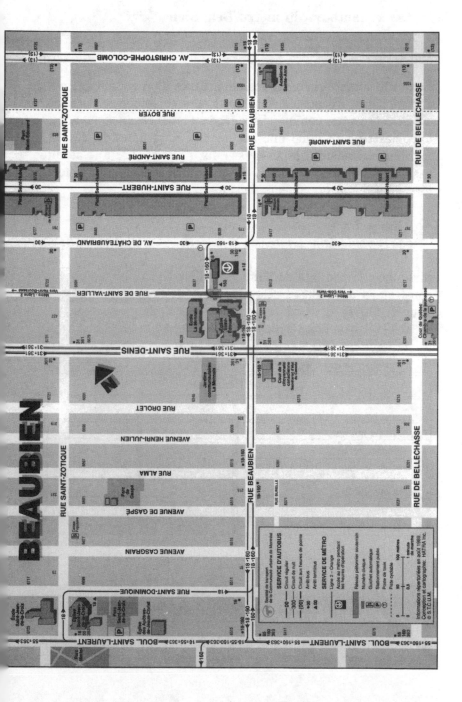

Aux alentours du métro Beaubien

■ La plaza Saint-Hubert

Cette rue commerciale que les montréalais d'un certain âge ont abondamment fréquentée, fut laissée pour compte avec l'arrivée des grands centres commerciaux pendant les années soixante-dix. La plaza se refit donc une beauté il y a quelques années en installant des marquises au-dessus des trottoirs. L'effort ne fut pas vain sur le plan commercial, mais un prix citron d'architecture fut décerné aux auteurs de cette initiative...

■ L'église Saint-Jean-de-la-Croix
6651, boul. Saint-Laurent

Situé dans la paroisse de Saint-Jean-de-la-Croix, ce temple fut construit en deux étapes selon les plans de l'architecte Zotique Trudel. On fit d'abord le soubassement et le presbytère, en 1910-1911, puis vint l'église elle-même en 1926-1927.

Station Beaubien		
	dim au ven	sam
Vers Henri-Bourassa		
Premier départ	6 h 00	6 h 00
Dernier départ	1 h 04	1 h 35
Vers Côte-Vertu		
Premier départ	5 h 37	5 h 37
Dernier départ	0 h 46	1 h 19

ROSEMONT

Ligne n° 2 (orange)

Origine du nom : Le quartier, la station de métro et le boulevard Rosemont doivent leur nom à Ucal-Henri Dandurand, spéculateur foncier qui, en association avec Herbert Holt, s'était porté acquéreur d'une superficie considérable de terrain pour le compte du Canadien Pacifique. Cette compagnie y construisit les usines Angus. Dandurand et Holt firent lotir les importants résidus de terrain. En 1905, ce secteur fut incorporé en nouvelle municipalité appelée Village de Rosemont, nom choisi par Dandurand en souvenir de sa mère, née Rose Philips.

Date d'inauguration : 1966

Architectes : Duplessis, Labelle et Derome

Le seul édicule de la station Rosemont est localisé à l'intersection de la rue Saint-Denis et du boulevard Rosemont. Cette station a été réalisée dans le roc à l'exception de sa partie centrale qui donne accès à la mezzanine où l'on retrouve la salle de contrôle. Des blocs de céramique couleur coquille d'oeuf composent le revêtement des murs alors que de la tuile de céramique glacée orange orne les colonnes et les rambardes de la passerelle. La combinaison de ces matériaux produit une impression de clarté bien agréable pour les usagers. Toutefois, la station n'est agrémentée d'aucune oeuvre artistique.

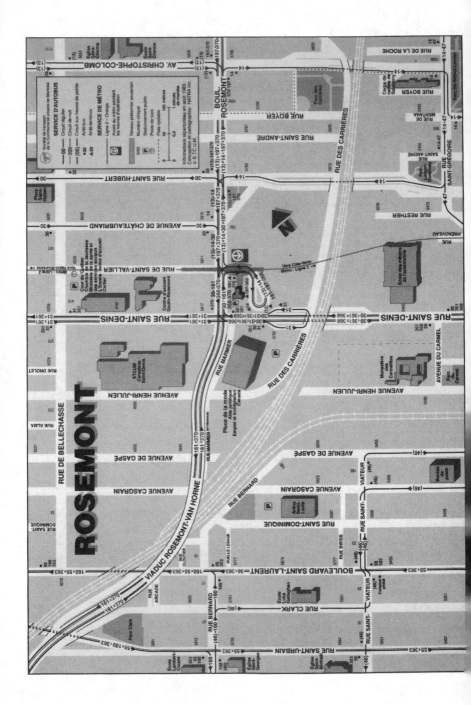

Aux alentours du métro Rosemont

■ Le Monastère des carmélites

Propriété de la corporation des Moniales Carmélites Déchaussées, ce bâtiment comprend le monastère, l'institut Notre-Dame-de-Vie et la résidence de l'aumônier. On lui donne également le nom de monastère de Notre-Dame-du-Mont-Carmel. Il fut construit en 1895.

Station Rosemont		
	dim au ven	sam
Vers Henri-Bourassa		
Premier départ	5 h 59	5 h 59
Dernier départ	1 h 02	1 h 33
Vers Côte-Vertu		
Premier départ	5 h 39	5 h 39
Dernier départ	0 h 48	1 h 20

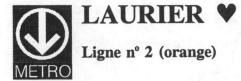

LAURIER ♥

Ligne n° 2 (orange)

Origine du nom : Sir Wilfrid Laurier (1841-1919), originaire de Saint-Lin, obtint sa licence en droit de l'université McGill et pratiqua brièvement à Montréal avant de s'installer à L'Avenir, puis à Arthabaska où il dirigea le journal Le Défricheur. Député à l'Assemblée législative du Québec (1871-1894), il démissionna et se fit élire à la Chambre des communes du Canada où il siégea jusqu'à sa mort. Chef du parti libéral (1887-1919) et Premier ministre (1896-1911), il participa à tous les grands débats politiques de cette longue période. Tantôt adulé, tantôt critiqué, Sir Wilfrid Laurier n'en demeure pas moins la figure politique dominante de son époque. C'est en 1899 qu'on renomma l'avenue Saint-Louis, avenue Laurier.

Date d'inauguration : 1966

Architecte : Jean P. Pothier

Construite en tunnel dans le roc, la station Laurier possède un accès à chacune de ses extrémités soit un premier édicule du côté nord de l'avenue Laurier et un second au sud du boulevard Saint-Joseph, entre les rues Rivard et Berri. Conçue selon un plan assez simple, la station comme telle présente un intérêt plutôt pratique qu'artistique. Les murs sont revêtus de panneaux de granit gris foncé et les planchers sont couverts de tuiles de granit reconstitué de teinte plus pâle. Des bancs en bois naturel verni ajoutent une touche classique au niveau des quais.

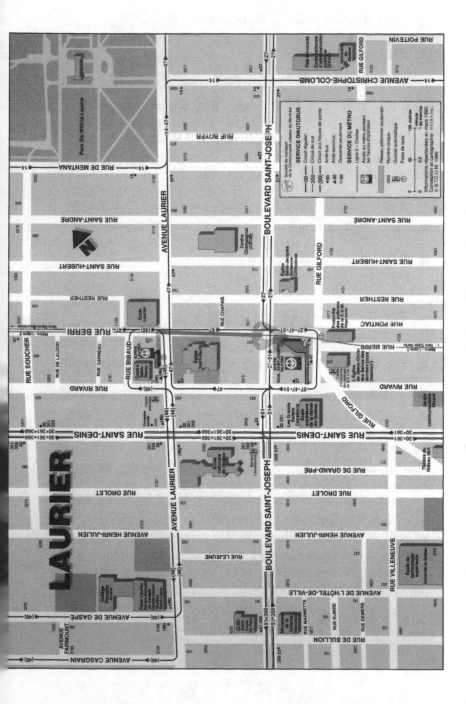

Aux alentours du métro Laurier

■ **L'église Saint-Denis**
454, av. Laurier Est, ☎ *844-1477*

C'est en 1898 que la paroisse Saint-Denis fut fondée. La première église, construite en 1913, fut incendiée en 1931. On doit l'église actuelle aux architectes Viau et Venne. À l'intérieur du temple, décoré de marbre et de chêne rouge, on retrouve un grand orgue Casavant à trois claviers. Depuis 1913, l'unique cloche de la première église et le carillon de cinq cloches de la seconde ont retenti 19 000 fois pour des baptêmes et 7 540 fois pour des mariages; quant au glas, il a sonné 8 000 fois.

■ **Le centre Saint-Denis**
5115, rue Rivard, ☎ *872-3442*

Ce centre de loisirs municipal, qui abrite le Club des petits débrouillards du quartier, offre à la population de nombreux cours (dessin, écriture...) et ses installations sportives permettent de pratiquer l'athlétisme, le ballet-jazz ainsi que plusieurs autres activités du genre.

■ **L'église de Jésus Christ des Saints des Derniers Jours**
470, rue Gilford, ☎ *849-7158*

Lieu de culte et centre de généalogie impressionnant (consultations gratuites) tenu par les mormons, cette église sans clocher a plutôt des allures d'édifice municipal. La salle de recherches est pleine d'appareils de visionnement et d'un grand nombre de micro-fiches où sont répertoriés des registres de naissance et de mariage. L'informatique vient aussi en aide aux chercheurs, avec un ordinateur contenant des milliers de données. Au rez-de-chaussée, une salle communautaire sert de lieu de rencontre.

■ Le parc Laurier
Angle Laurier et de Brébeuf

Le grand parc Laurier est situé sur le site des anciennes carrières Dubuc et Limoges.

Son chalet fut construit durant la crise des années trente, dans le cadre d'un projet gouvernemental de chantiers publics visant à remédier au chômage.

■ Le théâtre du Riveau Vert
4664, rue Saint-Denis, ☎ 845-0267

Ce théâtre de 380 places dont l'objectif est d'offrir un répertoire éclectique à son public, était co-dirigé jusqu'à tout récemment par Mercèdes Palomino et la regrettée comédienne québécoise Yvette Brind'Amour, décédée en avril 1992. On y présente des pièces québécoises et internationales. La compagnie effectue des tournées occasionnelles visant à faire connaître les auteurs d'ici à l'étranger.

Station Laurier		
	dim au ven	sam
Vers Henri-Bourassa		
Premier départ	5 h 58	5 h 58
Dernier départ	1 h 01	1 h 32
Vers Côte-Vertu		
Premier départ	5 h 40	5 h 40
Dernier départ	0 h 49	1 h 22

MONT-ROYAL ⌒ ♥ ⌒

Ligne nº 2 (orange)

Origine du nom : L'avenue du Mont-Royal tire son nom de sa situation, puisqu'elle mène au pied du mont Royal. C'est Jacques Cartier qui a ainsi nommé la montagne en 1535.

Date d'inauguration : 1966

Architecte : Victor Prus

Cette station se situe au sud de l'avenue du Mont-Royal entre les rues Rivard et Berri. Elle a été conçue principalement en voûte dans le roc à l'exception de son accès, construit à ciel ouvert. Son plan architectural est assez simple. Ainsi, la salle de contrôle est intégrée à l'édicule qui comprend des escaliers menant à la mezzanine. À ce niveau, on retrouve la concession et la passerelle permettant de voir venir les rames de métro. Le plafond, fabriqué de béton, se fait plus voûté au-dessus de la passerelle. D'un bout à l'autre de la station, de la brique brune revêt les murs comme les planchers, s'ajustant même à la forme courbe des bancs. Seuls éléments décoratifs, des joints verticaux en aluminium texturé séparent les murs au niveau des quais. Cette réalisation de Charles Daudelin s'avère cependant plutôt discrète.

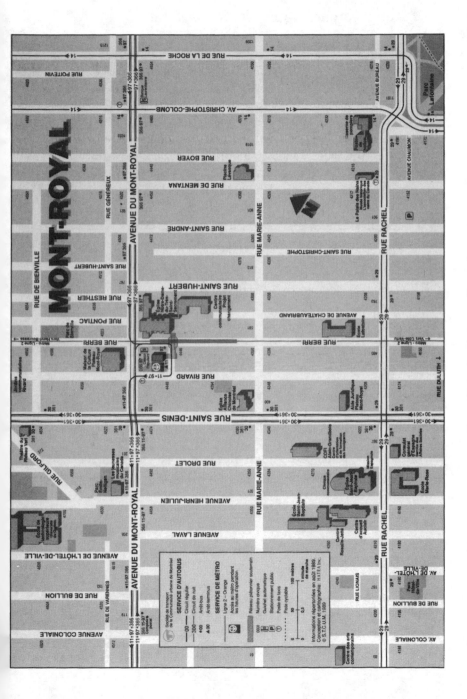

Aux alentours du métro Mont-Royal

■ **La Maison de la culture du Plateau Mont-Royal**
465, av. Mont-Royal Est, ☎ 872-2266

Le bâtiment occupé par cette Maison de la culture fut construit en 1896 par Jean-Baptiste Resther et Fils. On y présente aussi bien des pièces de théâtre, des films et des spectacles que des ateliers et des conférences, en toute gratuité. Le samedi, de nombreuses activités pour enfants y sont proposées. La Maison abrite également une bibliothèque et une salle d'exposition.

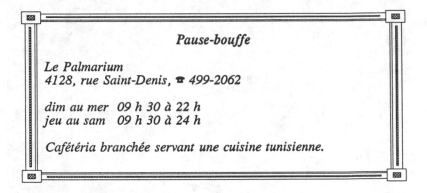

Pause-bouffe

Le Palmarium
4128, rue Saint-Denis, ☎ 499-2062

dim au mer   09 h 30 à 22 h
jeu au sam   09 h 30 à 24 h

Cafétéria branchée servant une cuisine tunisienne.

■ **La rue Saint-Denis en haut**

Véritable rue principale du quartier latin, cette portion de la rue Saint-Denis regorge de jolies maisons victoriennes, de boutiques, de librairies spécialisées, de restaurants et de galeries d'art. Au 3900, le Théâtre d'Aujourd'hui y a également pignon sur rue.

■ **L'église Saint-Jean-Baptiste**
309, rue Rachel

Après l'incendie qui détruisit la première église et son presbytère en 1898, on entreprit la construction de la seconde cette même année. Les travaux de son ingénieur-architecte Émile Vanier se poursuivirent jusqu'en 1903. L'église fut de nouveau ravagée par un incendie en 1911. D'architecture baroque, le temple actuel date de 1914, et pour sa construction, on organisa un concours d'architecture, remporté par Casimir Saint-Jean. De nombreux concerts y sont présentés au cours de l'année. L'église peut accueillir près de 3 000 personnes assises.

■ Le mont Royal

À peine plus qu'une colline pour les touristes, mais une montagne de l'avis des Montréalais, le **mont Royal** atteint un modeste 225 m; néanmoins ses 190 ha de verdure sont visibles de partout en ville. Le mont Royal tient une place spéciale dans l'histoire de la ville, car c'est ici que Maisonneuve déclara l'île française; pendant des siècles, la montagne appartint à des intérêts privés. Durant un hiver spécialement dur, un des habitants coupa des arbres pour en faire du bois de chauffage. Les Montréalais furent scandalisés de cette profanation, et en 1875 la terre fut achetée par la ville pour l'imposante somme d'un million de dollars. On engagea Frederik Law Olmsted, dessinateur du Central Park de New York, pour concevoir l'aménagement de la colline, laquelle arbore 56 km de sentier de jogging et 20 km de pistes de ski de fond qui réjouissent les citadins durant toute l'année.

La ville a fermement refusé toute exploitation commerciale de ce lieu, sauf en ce qui concerne l'aménagement du **lac des castors** en 1930, afin de relancer la création d'emplois. Dans les années cinquante, cette vague pour la protection de la montagne atteignit des sommets qu'on peut qualifier de puritains lorsqu'un journaliste local déclara que des jeunes couples se servaient de l'endroit pour leurs ébats et, pis encore, que les gens y buvaient de l'alcool ouvertement. Par conséquent, tout le sous-bois fut rasé, ce qui eut pour effet de tuer beaucoup de frênes, de bouleaux, d'érables, de chênes et de pins. Cinq ans plus tard, le mont Royal fut surnommé la «montagne Chauve» et une campagne de reboisement dut être mise sur pied.

Au sommet du mont, une croix illuminée, haute de 83 m, peut être vue à plus de 100 km par temps clair. Elle fut installée en 1943 en mémoire du geste du fondateur de Montréal, de Maisonneuve, qui en porta une sur la montagne en janvier 1643, pour marquer la réalisation de son voeu voulant que la jeune colonie soit épargnée d'une inondation menaçante.

Les observatoires de l'Est, du chemin du Belvédère (chemin Camilien-Houde) et du chalet de la montagne offrent une vue exceptionnelle de la métropole.

On peut facilement accéder au mont Royal en prenant l'autobus 11, en direction ouest, sur l'avenue rue Mont-Royal.

Station Mont-Royal		
	dim au ven	**sam**
Vers Henri-Bourassa		
Premier départ	5 h 57	5 h 57
Dernier départ	1 h 00	1 h 30
Vers Côte-Vertu		
Premier départ	5 h 41	5 h 41
Dernier départ	0 h 50	1 h 23

SHERBROOKE ⌒ ♥ ⌒

Ligne n° 2 (orange)

Origine du nom : Sir John Coape Sherbrooke (1764-1830) entreprit, à l'âge de 16 ans, une carrière militaire dans l'armée britannique. Nommé lieutenant-gouverneur de la Nouvelle-Écosse en 1811, il occupa ce poste durant cinq années, marquées par la guerre contre les États-Unis qui éclata en juin 1812. Ses talents pour l'administration civile lui valurent d'être gouverneur en chef de l'Amérique du Nord britannique, de 1816 à 1818. Sous sa gouverne, le Bas-Canada avait connu une brève période d'accalmie.

Date d'inauguration : 1966

Architectes : Jean Dumontier, Crevier, Lemieux, Mercier et Caron

Localisée au nord de la rue Sherbrooke, cette station possède deux accès implantés de part et d'autre de la rue Berri. Elle fut construite en tranchée ouverte avec une mezzanine au sous-sol qui contient la salle de contrôle et la concession. Vers l'ouest, un couloir achemine les voyageurs vers un édicule intégré à l'Institut de tourisme et d'hôtellerie du Québec. Largement vitré, cet édicule est aussi constitué de murs de briques brunes agencées par Mario Merola de façon à former une murale malheureusement un peu trop discrète. Vers l'est, un second édicule loge au rez-de-chaussée d'un édifice. Afin d'offrir un espace dégagé aux usagers, la mezzanine s'ouvre en balcon sur les quais et l'on peut admirer à ce niveau, sur le mur ouest, une murale multicolore en mosaïque de marbre vénitien. Cette oeuvre de Gabrielle Bastien et Andrea Vau rappelle les réalisations de la Société Saint-Jean-Baptiste de Montréal. Pour compléter la décoration, les murs ont été revêtus de blocs de céramique couleur coquille d'oeuf.

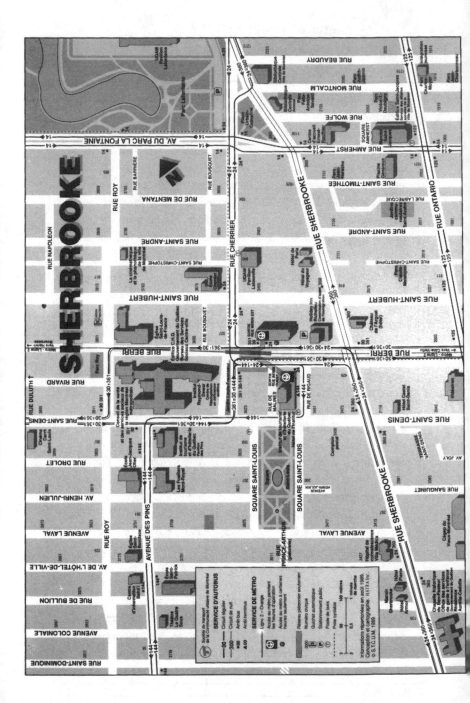

Aux alentours du métro Sherbrooke

■ L'Institut de tourisme et d'hôtellerie du Québec
401, rue de Rigaud, ☎ *282-5108*

L'Institut de tourisme et d'hôtellerie du Québec était déjà, dès son inauguration, déclaré «prix citron», autant par la critique que par la population du quartier, l'une comme l'autre outrées par un tel manque de souci d'intégration architecturale. Situé face au square Saint-Louis et entouré de jolies maisons du début du siècle, l'ITHQ, dans sa laideur grise, dispense malgré tout des cours de cuisine, de tourisme et d'hôtellerie de première qualité. On y retrouve entre autres un hôtel, une cafétéria et une salle à manger d'application, de même qu'un gymnase et une bibliothèque. En 1989, l'ITHQ dut complètement repenser les plans et la division de l'immeuble en raison du manque d'espace fonctionnel.

■ Le square Saint-Louis

Bordé par la rue Saint-Denis à l'est, le carré Saint-Louis fut aménagé en 1876. Entouré de jolies demeures de style Moyen Empire, il s'agissait autrefois du lieu de rencontre de la bourgeoisie francophone de la métropole. Parmi ces résidences, notons celle où vécut le poète Émile Nelligan, de 1887 à 1892, du côté ouest du square, au coin des rues Laval et Prince-Arthur. Le square porte le nom de deux frères, hommes d'affaires prospères du quartier à la fin du XIXᵉ siècle : Emmanuel et Jean-Baptiste Saint-Louis. L'été, le square s'anime, envahi par les promeneurs venus y admirer la beauté du site ombragé de grands arbres. Depuis 1879, on y aménage une patinoire en hiver. Du côté ouest, les anciennes vespasiennes du square Viger sont aujourd'hui occupées par une boutique de fleuriste.

■ La rue Prince-Arthur

Cette voie piétonnière, nommée Prince-Arthur en mémoire du troisième fils de la reine Victoria, qui fut gouverneur général du Canada entre 1911 et 1916, se distingue par une agglomération de restaurants majoritairement italiens et grecs ne possédant pas de permis de vente d'alcool. On y apporte donc son propre vin. Alors que cette approche était unique au monde il y a une dizaine d'années, de plus en plus de restaurants affichent maintenant la même politique. La rue Prince-Arthur est bondée en été, alors que les touristes et les montréalais peuvent profiter des nombreuses terrasses ensoleillées tout en regardant les prouesses des amuseurs publics, magiciens et musiciens.

■ Le théâtre de Quat'Sous
100, av. des Pins Est, ☎ *845-7277*

Fondé en 1955, ce petit théâtre de 160 places fut bâti dans les murs d'une ancienne synagogue. Sa scène «à l'italienne» permet un contact étroit entre comédiens et spectateurs. On y présente des créations québécoises, de même qu'un répertoire contemporain et international.

Pause-bouffe

La Brûlerie Saint-Denis
3967, rue Saint-Denis, ☎ *286-9158*

lun au sam   8 h à 22 h
dim   11 h à 22 h

Grande salle animée où l'on sert de bons petits plats pour pas cher. Le café, torréfié sur place, est offert dans toutes ses variations.

■ **Le parc Lafontaine**
☎ *872-2644*

Aménagé à la fin du XVIIIe siècle, ce parc, avec ses 40 ha parsemés de sentiers, de lacs artificiels et de grands arbres, est l'endroit rêvé pour les amateurs de promenades estivales, et toute la famille y trouve son compte car les activités ne manquent pas. On peut y jouer à la pétanque ou au tennis, louer un pédalo, profiter d'une piste cyclable ou même des pataugeoires. Par ailleurs, de nombreux spectacles gratuits sont présentés sur la scène extérieure du Théâtre de Verdure en été. L'hiver, on peut y pratiquer le ski de randonnée, le patinage et la raquette.

Avant 1901, le parc portait le nom de Logan. Il fut rebaptisé Lafontaine en l'honneur de Sir Louis-Hippolyte Lafontaine, premier ministre du Canada en 1842 et 1848 et ardent défenseur de la langue française au gouvernement. Un autre grand monument, celui-là dédié à Dollard Des Ormeaux, se trouve au nord du parc, près de la rue Rachel. Il s'agit d'une oeuvre du sculpteur Alfred Laliberté. Sur une place récemment aménagée et baptisée du nom de Charles de Gaulle, une sculpture de 17 m pesant 150 tonnes a été installée. Il s'agit d'une oeuvre en granit réalisée par Olivier Debré et offerte par la Ville de Paris pour le 350e anniversaire de Montréal.

■ **La Bibliothèque centrale de Montréal**
1210, rue Sherbrooke Est

Magnifique monument de style Beaux-Arts que l'on doit à l'architecte Eugène Payette. Sa construction s'effectua de 1915 à 1917, et son architecture vaut à elle seule le déplacement. Du haut de la mezzanine, on respire l'essence même des anciennes bibliothèques. La Bibliothèque centrale contient une très vaste collection de livres de référence. Les différents sujets y ont été répertoriés en référence générale, sciences et techniques et sciences sociales. La salle Gagnon possède une des plus vastes collections de Laurentianas au monde, et contient en outre plusieurs documents utiles aux passionnés de généalogie.

■ La Chapelle historique du Bon-Pasteur
100, rue Sherbrooke Est, ☎ *872-5338*

Faisant partie du monastère du Bon-Pasteur, la chapelle publique conçue par Victor Bourgeau fut construite en 1878. Les soeurs de la communauté de Notre-Dame du Bon-Pasteur s'y recueillirent jusqu'en 1979. Aujourd'hui restaurée, la Chapelle abrite une salle de musique et une aire d'exposition.

■ Le Goethe-Institut
418, rue Sherbrooke Est, ☎ *499-0159*

Ce centre culturel allemand met à la disposition du public une bibliothèque, une salle d'exposition et une salle de visionnement.

Pause-bouffe

Le Daphné
3808, rue Saint-Denis, ☎ *849-3042*

lun au jeu	*11 h 30 à 1 h*
ven et sam	*11 h 30 à 2 h 30*
dim	*11 h à 24 h*

Beau salon de thé où l'on vient discuter inlassablement. Clientèle BCBG, excellent dessert, prix élevés.

Station Sherbrooke		
	dim au ven	sam
Vers Henri-Bourassa		
Premier départ	5 h 55	5 h 55
Dernier départ	0 h 59	1 h 29
Vers Côte-Vertu		
Premier départ	5 h 43	5 h 43
Dernier départ	0 h 52	1 h 25

La station suivante est Berri-UQAM (voir détails p 10)

CHAMP-DE-MARS ★★★♥♥♥

Ligne n° 2 (orange)

Origine du nom : En 1690, les jésuites acquirent le terrain où se trouvent aujourd'hui l'Hôtel de Ville, la place Vauquelin et le vieux palais de justice. On démolit les anciens bâtiments des jésuites au tout début du XIX⁰ siècle. Les fortifications, situées juste au nord de l'ancienne propriété des religieux, connurent le même sort peu de temps après. L'exhaussement et le nivellement du terrain permirent l'aménagement du Champ-de-Mars. L'appellation Champ-de-Mars (Campus Martius) était déjà employée à Rome pour désigner le terrain servant aux manoeuvres militaires, Mars étant le dieu romain de la guerre.

Date d'inauguration : 1966

Architecte : A. Niklewicz

Cette station est localisée en bordure du Vieux-Montréal, au centre d'un quadrilatère formé par les avenues Viger et Hôtel-de-Ville, l'autoroute Ville-Marie et la rue Sanguinet. L'attrait principal de cette station est sans conteste son immense verrière qui se déploie sur trois des quatre murs de l'édicule. Constituée de verre antique, cette verrière colorée aux formes fluides est une réalisation de l'artiste Marcelle Ferron. La station étant située à une faible profondeur, les voyageurs ne doivent emprunter qu'un seul escalier pour se rendre aux quais et l'on peut ainsi voir la lumière du jour percer la verrière même à l'intérieur des wagons de métro. À ce niveau, l'utilisation de matériaux neutres permet la réflection des couleurs de la verrière sur toutes les surfaces de l'édicule.

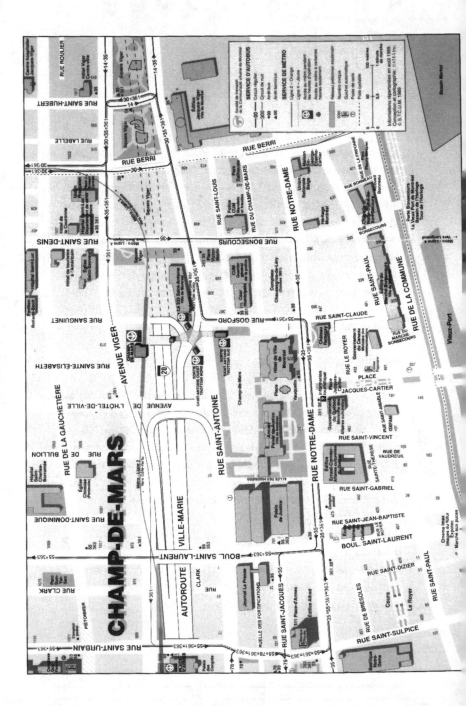

Aux alentours du métro Champ-de-Mars

■ L'église Saint-Sauveur
329, rue Viger

En 1865, ce sont les architectes Lawford et Nelson qui ont conçu les plans de cette église, alors appelée «Holy Trinity Church». Elle porta ce nom jusqu'en 1922, année où la communauté syrienne catholique s'en porta acquéreur. On y trouve une peinture de Garo intitulée «Ascension du Christ».

■ Le Champ de Mars

Cet espace fut occupé pendant de longues décennies par un stationnement municipal. Ce n'est qu'en 1992 qu'il a retrouvé sa vocation d'origine d'îlot de verdure. On peut également y voir une partie des murs qui entouraient jadis Ville-Marie.

■ L'Hôtel de Ville
275, rue Notre-Dame Est, ☎ *872-3355*

La première pierre de cet édifice administratif fut posée en 1872. C'est seulement quatre ans plus tard que le maire Beaudry fit l'inauguration de ce monument de style Second Empire réalisé par Henri Maurice Perrault. En 1922, on dut le reconstruire en raison d'un incendie qui l'avait presque entièrement détruit; seuls les murs de pierre avaient résisté.

Le balcon de l'Hôtel de Ville est devenu célèbre le 24 juillet 1967, lorsque le général de Gaulle lança à une foule en liesse son fameux «Vive le Québec libre».

À l'intérieur du bâtiment, on retrouve un magnifique hall d'honneur nanti d'un plancher et de murs en marbre. À l'extérieur, un buste de Jacques Viger, premier maire de Montréal, se dresse sur la base toscane des colonnes.

■ La place Vauquelin

Située sur la rue Notre-Dame, près de l'Hôtel de Ville, cette place publique existe depuis 1858. Elle fait partie du fief concédé en 1658 à un des premiers colons de Montréal, Lambert Closse. Cédée aux jésuites en 1672, elle fut reprise par la Couronne en 1783, qui en fit une prison commune jusqu'en 1836. On y exposait alors les criminels.

Jean Vauquelin quant à lui, est né à Dieppe en 1727. Il était lieutenant de vaisseau français et se conduisit en héros devant les troupes de Wolfe en 1788. La statue érigée en son honneur, en 1930 est l'oeuvre du sculpteur P.E. Benet.

■ Le Château Ramezay
280, rue Notre-Dame Est, ☎ *861-7182*

Le musée du Château Ramezay est consacré à l'ethnographie. On y trouve du mobilier, des tableaux, des costumes ainsi que plusieurs objets historiques reliés aux activités économiques, sociales et militaires du XVIII° et XIX° siècles à Montréal. Cet ensemble nous donne un aperçu de la façon dont pouvait vivre un gentilhomme de la Nouvelle-France à cette époque. Le sous-sol, regroupe une salle sur les coutumes amérindiennes, une autre sur les métiers et traditions, de même qu'une cuisine et une salle de bains du XVIII° siècle.

Claude Ramezay, onzième gouverneur de Montréal, fit ériger, en 1705, cet édifice de deux étages pour qu'il lui serve de demeure. La compagnie des Indes de France l'occupa ensuite de 1745 à 1763. Puis il devint la résidence des gouverneurs généraux de l'Amérique du Nord britannique de 1764 à 1849. De 1838 à 1841, on y établit parallèlement le Conseil Spécial du Bas-Canada, et après 1849, l'édifice devint successivement bureau gouvernemental, cour de Justice, École Normale, faculté de droit et de médecine... et finalement musée, depuis 1895. Le château est le premier édifice à avoir été classé monument historique au Québec. À noter que la tour s'élevant sur le côté est du bâtiment n'y fut ajoutée qu'en 1903.

■ La place Jacques-Cartier

Ayant d'abord abrité les jardins de la résidence du Marquis de Vaudrouil (1726), l'espace qu'occupe l'actuelle place Jacques-Cartier devint, il y a près de 200 ans, un grand marché public : le Marché Neuf. Ouvert en 1804, de nombreux marchands de fruits, légumes, poissons et viandes y tenaient kiosque. Le marché Bonsecours, construit en 1845, dama le pion au Marché Neuf, qui garda toutefois longtemps sa vocation.

La place est maintenant une aire de repos, animée l'été par des chanteurs ambulants et des amuseurs publics. On y retrouve également un marché de fleurs.

Au nord de la Place, la colonne de l'amiral Nelson, qui fait dos au fleuve, commémore la victoire de ce dernier sur la flotte de Napoléon à Trafalgar, en 1805. Le monument, qui date de 1809, serait le premier érigé à Montréal.

Tout autour de la Place, boutiques et restaurants sont à l'honneur. La plupart des maisons qui la bordent furent bâties durant la première moitié du XIXe siècle, alors que le Marché Neuf connaissait ses heures de gloire.

■ Le centre d'informations touristiques
174, rue Notre-Dame Est, ☎ *873-2015*

Restaurée en 1979 et transformée en centre d'informations touristiques, cette maison fut construite en 1812 selon les plans du maçon Nicolas Morin. Une taverne du nom de Silver Dollar Saloon l'occupait jadis. On dit que le plancher était couvert de 350 dollars américains.

Aujourd'hui, les préposés d'Infotouriste sont heureux de vous offrir de nombreux documents sur la métropole, gratuits ou à prix modiques. De plus, de nombreux présentoirs contiennent des dépliants sur les hôtels, les attractions, les spectacles et les restaurants.

■ **Le Vieux palais de justice**
   155, rue Notre-Dame Est

Ce premier d'une série de trois édifices voisins ayant servi de palais de justice à différentes époques, est l'oeuvre de John Ostell (1849). L'étage supérieur, de même que le dôme, ne furent ajoutés à la structure que plus tard, en 1891.

■ **L'édifice Ernest-Cormier ou l'ancien palais de justice**
   100, rue Notre-Dame Est

Cet édifice, qui abrita le palais de justice de Montréal entre 1926 et 1971, est l'oeuvre d'Ernest Cormier, L.A. Amos et C.J. Saxe. Il est aujourd'hui occupé par le Conservatoire de Musique et d'Art dramatique.

L'immeuble est de style renouveau classique, avec des colonnes doriques et des portes de bronze monumentales. Cormier, un des premiers à avoir introduit l'Art déco en Amérique, réalisa les lampadaires de bronze et de laiton situés à l'entrée et dans le hall.

Le public peut visiter librement le grand hall. C'est là que fut exposé le corps de René Lévesque après son décès en 1987.

■ **Le palais de justice**
   1, rue Notre-Dame Est, ☎ *393-2721*

Construit en 1971 par les architectes David et Boulva, cet édifice aux allures choquantes dans le contexte historique du Vieux-Montréal, compte 18 étages où exercent plus de 200 juges. Il est possible d'y faire une visite guidée.

Devant la bâtisse, une sculpture de Charles Deaudelin réalisée en 1973 passe souvent inaperçue, mais mérite néanmoins un arrêt. Il s'agit d'un cube scindé en deux et constitué de feuilles de bronze. Un mécanisme fait bouger lentement les deux pièces de sorte que l'oeuvre change constamment de forme au cours de la journée.

■ **La maison Sir-George-Étienne-Cartier**
   458, rue Notre-Dame Est, ☎ *283-2282*

Cette maison de style néo-gothique est un lieu historique national. Il s'agit en fait de deux bâtisses, à l'intersection des rues Berri et Notre-Dame, ayant appartenu à Sir George-Étienne Cartier, premier ministre du Canada Uni (entre 1848 et 1871) et l'un des Pères de la Confédération. Ces immeubles lui servirent de résidence et d'étude légale. Elles sont aujourd'hui restaurées et transformées en un musée sur la vie et le travail de Cartier. On y trouve également une représentation de la classe moyenne du XIXe siècle, évoluant dans un décor victorien. Ouvert de la mi-mai à août, tous les jours de 9 h à 17 h; de septembre à la mi-mai, du mercredi au dimanche de 10 h à 17 h; entrée gratuite.

■ **Le parc Fleury-Mesplet**

Par sa situation géographique, ce petit parc constitue l'un des lieux les plus stratégiques du Vieux-Montréal, en ce qu'il offre un panorama unique de la cité et de son vieux port, du fleuve Saint-Laurent et de ses îles, des ponts et de la Tour de l'horloge. Ceinte par la rue Berri, de la Commune, Bonneau et de la Friponne, cette place était anciennement traversée par les murs des Fortifications et la Porte des Casernes, laquelle s'ouvrait au pied de la rue Berri, qu'on appelait autrefois rue Saint-Gilles.

Au temps de la colonie française, les Magasins du Roy furent construits à cet emplacement; un marché de poissons occupait les lieux avant que l'espace ne prenne l'apparence qu'on lui connaît aujourd'hui. En 1987, la Ville de Montréal décida d'y aménager une fontaine, un carré de verdure, des bancs et des allées, puis le nomma parc Fleury-Mesplet, en hommage à l'imprimeur qui, le 3 juin 1778, publia le premier numéro de la «Gazette commerciale et littéraire de la ville et du district de Montréal»; alors imprimé au Château Ramezay, l'hebdomadaire devint plus tard «The Gazette», le premier quotidien de Montréal. Ouvert de la mi-juin au mois de septembre tous les jours de 10 à 16 h 30; et d'octobre à juin, du mardi au dimanche de 10 h à 16 h 30.

■ **La chapelle Bonsecours**
400, rue Saint-Paul Est, ☎ *845-9991*

La Chapelle Bonsecours, également appelée église des Marins, est un véritable symbole du Vieux-Montréal. Au siècle dernier, les bras ouverts de la Vierge au sommet de la tour devinrent rapidement un point de repère pour les bateaux naviguant sur le fleuve Saint-Laurent. Une fois les marins arrivés à bon port, ceux-ci dotaient la chapelle de lampions votifs en bois ayant la forme de bateaux. On peut d'ailleurs en voir encore plusieurs. La construction de la chapelle remonte au début de la colonie, alors que Maisonneuve participa lui-même à la coupe du bois devant servir à la construction de ce qui était appelé à devenir la première église de Ville-Marie. Celle-ci était sous la tutelle de Marguerite Bourgeoys, une religieuse envoyée afin d'éduquer les enfants de la colonie. Dévouée, Marguerite Bourgeoys fonda aussi le premier ordre religieux du pays. Elle avait également la responsabilité des filles du Roi (orphelines françaises destinées à épouser les colons célibataires afin d'augmenter la population de la colonie). Elle fut canonisée en 1982, devenant ainsi la première sainte du Canada. La chapelle, construite quelque 70 ans après la mort de Marguerite, contient un petit musée racontant sa vie (mai à octobre, du mardi au dimanche de 9 h à 16 h 30; de novembre à avril, du mardi au dimanche de 10 h 30 à 16 h 30; entré 2 $). Les vues sont superbes du haut des escaliers étroits qui mènent au sommet de la tour, au-dessus de l'abside.

On peut visiter la chapelle tous les jours, de mai à octobre de 9 h à 17 h, et de novembre à avril de 10 h à 17 h.

■ L'édifice du marché Bonsecours
350, rue Saint-Paul Est

Cet édifice de la période préindustrielle du Vieux-Montréal, date de 1845. La façade principale donne sur la rue Saint-Paul; le marché est conçu pour être vu du fleuve Saint-Laurent et sa façade postérieure, qui longe la rue de la Commune, jouit d'une ornementation très soignée. Ce superbe bâtiment néo-classique est l'oeuvre de l'architecte W. Footner.

Inspiré du «City Hall» américain, l'édifice du marché Bonsecours regroupait une salle de réception, une salle du Conseil, une immense salle de concert, les quartiers généraux de la police, des bureaux municipaux et, au sous-sol, au niveau de la rue de la Commune, un marché bondé de victuailles et même d'animaux, à l'époque où l'activité commerciale battait son plein dans ce secteur. En 1850, la partie supérieure du bâtiment logea la première exposition canadienne. Le Conseil municipal y siégea à partir de 1852 jusqu'aux environs de 1878, car le fameux marché Bonsecours devait avant tout servir d'Hôtel de Ville et de lieu de séances pour les parlements unis du Haut-Canada et du Bas-Canada. Avant 1852, le marché public de Montréal s'étalait sur la place Jacques-Cartier, et les séances du Conseil municipal se tenaient dans l'édifice de l'aqueduc Hayes.

La première coupole, de style Renaissance, fut érigée en 1864, et restaurée depuis; les magnifiques colonnes doriques, en fonte, furent coulées en Angleterre. La rue Bonsecours sépare le marché de la chapelle Notre-Dame-de-Bonsecours, plus à l'est. Depuis 1964, le bâtiment est occupé par des services municipaux qui ne l'avaient jamais vraiment quitté. On lui refait présentement une beauté pour accueillir une grande exposition dans le cadre du 350ᵉ de Montréal.

■ Le Vieux Port
Au sud du Vieux-Montréal, ☎ *496-4629*

Au sud du Vieux-Montréal, se trouve le Vieux Port de Montréal, jadis centre d'importation et d'exportation du pays. Quand l'activité portuaire fut déplacée plus à l'est au cours des années soixante-dix, le terrain vague qui y resta fut aménagé et mis à la disposition du public. On y trouve des sentiers pour le vélo ou le jogging et d'excellentes expositions dans les hangars du quai.

Le meilleur endroit pour franchir les clôtures et les rails est la porte Saint-Laurent, à cinq rues à l'ouest de la rue Bonsecours; elle mène au quai roi Édouard.

Le Vieux Port de Montréal fut récemment réaménagé après de longues années de réflexion et d'audiences publiques. Voici qu'enfin il se pare d'installations nouvelles et devient le site de nombreuses activités pour tous les goûts.

Expotec

Au hangar 7, un centre d'interprétation révèle les changements qu'a connu le quai, mais la véritable attraction se trouve à l'intérieur du gigantesque hangar **Expotec** (de juin à août, tous les jours de 10 h à 23 h; en septembre, du mercredi au dimanche de 10 h à 23 h; entrée 10,50 $). Cette passionnante exposition accompagnée de sons et de lumières couvre plusieurs thèmes, affichés sur de grandes banderoles à l'entrée des hangars; ils sont en règle générale choisis pour la famille ou pour les amateurs de haute technologie. Les spectacles, jeux interactifs et ateliers d'activités sont divertissants et éducatifs. Au cinéma **IMAX** de l'Expotec, on présente des films qui démontrent les possibilités offertes par un écran de la hauteur d'un édifice de six étages; la caméra scrute de vastes panoramas et fait parfois des plongeons à en donner des frissons.

Images du futur

À l'extrémité du quai, **Images du futur** (de juin à la mi-août, tous les jours de 10 h à 23 h; de la mi-août à la mi-septembre, de 12 h à 22 h; entrée 9,50 $) présente un spectacle de créations futuristes aux moyens du laser, d'hologrammes, du fluorescents, d'images créées par ordinateur et de musique numérique. Des artistes, des scientifiques et des dessinateurs industriels internationaux y présentent des pièces d'exposition insolites, souvent interactives. Des films excentriques sont projetés sur de petits écrans et dans une salle de cinéma plus grande. La «Compétition internationale d'animation par ordinateur» présente tout l'été de façon continue les plus récentes créations du genre.

Le marché aux puces Jacques-Cartier

Dans la partie inférieure du hangar «Images du futur», le **marché aux puces Jacques-Cartier** vend de tout, allant des cruches ébréchées aux cassettes vidéo. Des dizaines d'exposants offrent en été de quoi ravir les amateurs de bibelots, vieilleries, antiquités et trouvailles de toutes sortes. Des artisans d'ici sont aussi sur place pour vendre leurs oeuvres. Le marché est ouvert en mai, septembre et octobre, du vendredi au lundi de 11 h à 20 h; en juin, du mercredi au dimanche de 11 h à 22 h; en juillet et août, le lundi de 11 h à 20 h et du mercredi au dimanche de 11 h à 22 h.

Les croisières

Le Vieux Port est aussi le point de départ de plusieurs **excursions en bateau**. La meilleure, et de loin, est celle du **Jet Boat** à partir du quai Victoria (mai à septembre, 40 $). Traversant les rapides de Lachine, c'est une balade «mouillée», vivifiante et palpitante. Une autre promenade à ne pas manquer est celle de l'**Amphibien,** partant du quai Jacques-Cartier (mai à octobre, 15 $). Comme dans un film de James Bond, l'Amphibien vogue sur l'eau pour ensuite parcourir les rues du Vieux-Montréal.

La Tour de l'horloge

À l'extrémité est du port, la **Tour de l'horloge**, élevée en l'honneur des marins disparus, peut être visitée. On y a un excellent point de vue sur le fleuve, le centre-ville de Montréal et les montagnes montérégiennes au sud. La Tour est accessible du 15 mai au 7 septembre, du lundi au dimanche de 10 h à 21 h; entrée gratuite.

Pour tout renseignement sur le Vieux Port : ☎ 496-PORT ou 283-5256

■ Le fleuve Saint-Laurent

Sous le pont Jacques-Cartier, on évalue à près de 11 km à l'heure la rapidité du courant Sainte-Marie, à la limite des eaux navigables. Ce fleuve grandiose, baignant la rive-sud, une grande partie de l'île de Montréal et toute la vallée du Saint-Laurent, est enjambé par plusieurs ponts et tunnels reliant la rive-sud à l'île de Montréal.

Le fleuve Saint-Laurent est une des plus belles et des plus grandes voies fluviales au monde. On peut l'admirer ne serait-ce qu'en se rendant aux îles Sainte-Hélène et Notre-Dame, ou encore en bordure du Vieux-Montréal. De la cité, sa vue demeure cependant plus ou moins occultée par des équipements portuaires aujourd'hui désuets. Ce fleuve, grâce à la Voie Maritime construite en 1959, est une voie navigable commerciale et touristique, de même qu'un véritable générateur économique pour le port de Montréal.

Petits et gros bateaux y voguent côte à côte, et les rapides de Lachine sont même devenus un jeu de saute-mouton. Pendant la saison estivale, des navettes fluviales vont et viennent sur les rives du grand fleuve. Des bateaux de croisière, partant du quai de l'horloge, emmènent aussi des passagers vers les îles de Boucherville ou de Sorel, ou encore pour une simple randonnée sur le fleuve. Une promenade sur les berges du fleuve Saint-

Laurent offre plusieurs points de vue magnifiques encore trop méconnus.

■ La Cité du Havre

La Cité du Havre faisait partie de l'exposition universelle de 1967. On y trouvait d'ailleurs le pavillon d'accueil de l'événement. C'est aussi sur ce site que fut bâti le premier musée d'art contemporain du Québec, aujourd'hui relocalisé près de la Place des Arts.

Le parc de la Pointe de la Cité du Havre présente une douzaine de panneaux éducatifs exposant l'histoire du Saint-Laurent. Des tables de pique-niques, une piste cyclable et un belvédère s'offrent à ceux qui aiment goûter les plaisirs de l'été, avec comme toile de fond, le beau profil de la métropole. En été, une navette fluviale relie le Vieux-Port à la Cité du Havre.

Habitat 67
Cité du Havre, ☎ *866-5971*

Moshe Safdie est l'architecte de cette construction modulaire audacieuse réalisée dans le cadre de l'Expo 67. Celle-ci, constituée de blocs superposés, a permis de démontrer de quelle façon on peut exploiter les éléments préfabriqués en architecture. Safdie, à qui l'on doit également l'agrandissement du côté sud du musée des Beaux-Arts de Montréal, n'avait que 23 ans en 1967...

De nombreuses terrasses permettent aux résidents d'apprécier une vue exceptionnelle sur la ville.

Tropique Nord
Cité du Havre, ☎ *397-0202*

Les résidents de ces prestigieux appartements («condominiums») se moquent bien des caprices de la météo, surtout durant les longs mois d'hiver. Il s'agit d'une véritable cité tropicale... sous verre! On y trouve deux piscines, des salles d'exercices, de squash et de tennis, un cellier à vin, une salle de réception, un ascenseur semi-privé et un jardin tropical à l'année.

Station Champ-de-Mars		
	dim au ven	sam
Vers Henri-Bourassa		
Premier départ	5 h 52	5 h 52
Dernier départ	0 h 53	1 h 23
Vers Côte-Vertu		
Premier départ	5 h 46	5 h 46
Dernier départ	0 h 59	1 h 29

PLACE-D'ARMES
★♥♥♥
Ligne n° 2 (orange)

Origine du nom : La place d'Armes actuelle est le troisième emplacement de Montréal à porter ce nom. Selon un usage séculaire, la place d'Armes était jadis le lieu où se rassemblaient les défenseurs d'une ville. Le monument à Paul de Chomedey de Maisonneuve, fondateur de Montréal, souligne l'importance capitale de ce lieu dans l'histoire de Montréal.

Date d'inauguration : 1966

Architecte : J. Warunkiewicz

À l'origine construite en tranchée ouverte, en bordure de l'avenue Viger, la station Place-d'Armes est aujourd'hui intégrée au Palais des Congrès. Un passage souterrain permet aux piétons de circuler jusqu'à la Place des Arts en passant par les complexes Guy-Favreau et Desjardins. Cette station possède une mezzanine au niveau du sol, reliée aux quais par des escaliers fixes. De part et d'autre des quais, des vitrines exposent des artefacts trouvés lors de fouilles archéologiques. Les murs des quais ont été recouverts de panneaux d'acier inoxydable et de céramique couleur caramel. Les autres murs ainsi que les plafonds sont en béton.

Aux alentours du métro Place-d'Armes

■ **Le Palais des Congrès**
201, av. Viger Ouest, ☎ *871 8122*

Le Palais des Congrès de Montréal fut inauguré en 1983. Son architecture avant-gardiste compose avec le verre, la verdure et la lumière du jour. L'édifice peut recevoir jusqu'à 10 000 congressistes à la fois dont 6 000 dans une même salle. Ce centre de congrès se distingue également par son système d'information et de signalisation «Vidéotex Télidon», servant à annoncer les activités en cours, à donner accès à des banques de données au moyen de terminaux publics, ou encore à diriger les visiteurs. Sa construction au-dessus de l'autoroute Ville-Marie a permis de raccommoder quelque peu le tissu urbain déchiré dans les années soixante-dix par l'autoroute. Dans le futur, d'autres constructions sont prévues, sur l'autoroute et aux abords immédiats de celle-ci.

■ **La Mission catholique chinoise**
979, rue Côté

Si l'envie vous prend d'un peu de spiritualité à saveur orientale, l'église chinoise sise au 979 de la rue Côté donne des messes en chinois. C'est une toute petite église au charme austère oriental.

■ **Le quartier Chinois**

Le quartier chinois, par ses odeurs, ses couleurs et ses boutiques, fait rêver d'exotisme. C'est un peu de la Chine au coeur de Montréal. On peut trouver dans ses épiceries tous les ingrédients nécessaires à un repas oriental. Plusieurs restaurants s'offrent également à vous, dont certains sont très gastronomiques, alors que d'autres offrent plutôt un attrait culturel.

■ Le Complexe Guy-Favreau
200, boul. René-Lévesque Ouest

Le Complexe Guy-Favreau fut construit en 1983. Il abrite les bureaux de plusieurs ministères fédéraux et dispense une vaste gamme de services publics. Il abrite également le cinéma de l'Office National du Film. Les étages supérieurs comptent des unités de logement. L'édifice est relié au Complexe Desjardins et au Palais des Congrès par corridors souterrains.

■ La place d'Armes

Jadis le coeur économique et religieux de Montréal, la place d'Armes est encore aujourd'hui un des attraits majeurs de la métropole. Tout autour, on retrouve de nombreux édifices représentant diverses époques architecturales, notamment l'Art déco (édifice Aldred), et les styles gothique (Basilique), palladien (Banque de Montréal) et moderne (Banque Canadienne Nationale). Enfin, la place d'Armes fut témoin de grands événements tels que l'émeute électorale de 1832 entre conservateurs et libéraux, l'attaque surprise des membres du Doric Club sur les fils de la liberté à l'aube de la rébellion de 1837, le passage du prince Arthur et l'enterrement de Sir George-Étienne Cartier, qui attirèrent tous deux les foules. C'est aussi sur cette place que se sont tenus, en alternance avec le square Dorchester, le Carnaval de 1885 et 1887. On y construisait de grands palais de glace. La statue du sieur de Maisonneuve, quant à elle, fut inaugurée en 1895.

■ La basilique Notre-Dame
116, rue Notre-Dame Ouest, ☎ *849-1070*

Avec ses 4 000 places, la basilique Notre-Dame est une des plus vastes en Amérique. Il n'est donc pas étonnant qu'elle reçoive près de 600 000 pèlerins et touristes à chaque année. Sa construction remonte à 1829, et elle fut dessinée par l'architecte protestant James O'Donnell, qui se convertit peu après au catholicisme, et dont les restes reposent sous l'église.

Premier édifice néo-gothique au Canada, l'actuelle basilique remplace l'église de style baroque qui était jadis située au centre de la rue Notre-Dame, de 1678 à 1830.

L'impressionnante décoration de l'intérieur ne fut achevée par Victor Bourgeau qu'après 1876, faute de fonds. On y retrouve un des plus grands orgues fabriqués par la célèbre maison Casavant, la Chapelle du Sacré-Coeur, décorée d'un assemblage de 32 panneaux de bronze de Charles Deaudelin, 14 verrières racontant l'histoire de la fondation de Ville-Marie, ainsi qu'un petit musée, ouvert en 1937, contenant une collection d'objets historiques, de tableaux anciens et d'ornements.

■ Le séminaire Saint-Sulpice
116, rue Notre-Dame Ouest, ☎ *849-1070*

Un des plus vieux bâtiments de Montréal, le séminaire fut construit en 1685 par François Dollier de Casson et sert toujours de résidence aux sulpiciens. L'horloge publique de sa façade est la plus vieille d'Amérique du Nord. Elle fut installée en 1702.

■ L'édifice Aldred
501-507, place d'Armes

Les architectes Barrott et Blackader ont conçu en 1929 le premier immeuble Art déco de Montréal, l'Aldred, siège à l'époque de la compagnie d'électricité Shawinigan Water and Power. Le plafond du hall d'entrée est richement décoré.

■ La Banque de Montréal
119, rue Saint-Jacques, ☎ *877-7110*

La succursale de la Banque de Montréal située sur la place d'Armes compte parmi les édifices les plus remarquables du Canada. Elle est située là où se trouvait jadis la concession d'un des premiers habitants de Ville-Marie : Urbain Tessier dit Lavigne.

L'immeuble, surmonté de sa coupole, fut construit en 1847 par John Wells. Sa façade classique est demeurée inchangée depuis lors, mais plusieurs modifications ont été apportées au fil des ans, notamment au dôme qui causait un fléchissement de la charpente. Celui que l'on voit aujourd'hui, haut de 27 m, fut terminé en 1905. C'est l'oeuvre des architectes new-yorkais McKim, Mead et White, à qui l'on doit également la splendeur et la richesse de l'intérieur, dont le hall d'entrée, bordé par huit colonnes en syénite verte du Vermont. Les bases sont en marbre noir de Belgique et les chapiteaux, en bronze massif plaqué de feuilles d'or. Les murs et les piliers sont en marbre rose du Tennessee. On retrouve dans cette salle la statue de la Patrie, érigée à la mémoire des soldats canadiens tombés durant la Guerre de 14-18.

Quant à la salle principale, avec ses 32 colonnes de 9,4 m en syénite, elle est baignée par la lumière du jour.

Enfin, un petit musée permet d'admirer, en plus de nombreux anciens billets de banque et de rares tirelires mécaniques, une réplique du premier bureau de la Banque. Le musée est ouvert de 10 h à 16 h, du lundi au vendredi. Entrée gratuite.

■ Le théâtre Centaur
453, rue Saint-François-Xavier, ☎ *288-1229*

Le plus important théâtre d'expression anglaise au Québec, le Centaur possède deux salles de 255 et 440 places. On y présente des oeuvres québécoises et internationales depuis sa fondation en 1969. L'édifice qu'occupe le Centaur fut construit en 1903 par le New-Yorkais George Post. La Bourse de Montréal y a logé jusqu'en 1965.

Pause-bouffe

Bio-Train
20, rue Notre-Dame Est, ☎ *398-0942*

lun au ven *6 h à 17 h*	*dim* *10 h à 17 h*
sam *9 h à 17 h*	

Grand choix de plats végétariens dans un décor fin XIXe siècle.

■ Le journal La Presse
   7, rue Saint-Jacques, ☎ *285-7272*

Le journal nous dévoile le secret fascinant de ses presses à travers de grandes baies vitrées donnant sur la rue Saint-Antoine. Une courte pause sur les lieux après une soirée tardive permet à l'oeil rapide de percer les primeurs du lendemain, alors qu'on imprime la prochaine édition du grand quotidien.

Station Place-D'Armes		
	dim au ven	**sam**
Vers Henri-Bourassa		
Premier départ	5 h 51	5 h 51
Dernier départ	0 h 52	1 h 22
Vers Côte-Vertu		
Premier départ	5 h 47	5 h 47
Dernier départ	1 h 00	1 h 30

SQUARE-VICTORIA ★★♥♥♥

Ligne n° 2 (orange)

Origine du nom : Autrefois, on l'appelait place du Marché-à-Foin (vers 1813) et plus tard, Place des Commissaires. Puis, en 1860, lors d'une visite du prince de Galles, le conseil municipal rebaptisa l'endroit en l'honneur de sa majesté Victoria, reine de Grande-Bretagne de 1837 à 1901.

Date d'inauguration : 1966

Architecte : Irving Sager

Située sous une place qui porte le même nom, au coeur du quartier des affaires de Montréal, cette station, construite en partie en tunnel, s'élargit dans un volume réalisé à ciel ouvert. Vous remarquerez, au niveau du quai, les deux murales constituées de plaques carrées en métal. Peintes marron et ornées de lignes courbes en relief, ces oeuvres de l'artiste Savoie s'harmonisent bien à la brique brune vernissée qui tapisse une partie des murs de la station. Au niveau supérieur, sur le mur ouest du corridor qui mène à l'édicule Saint-Antoine, une murale de Jean-Paul Mousseau, en plastique laminé, ajoute un peu d'éclat à ce lieu grâce à ses couleurs ensoleillées. Tout au haut de l'escalier qui conduit à la sortie de l'édicule coin Saint-Antoine et Square-Victoria, on peut admirer un portique en fer de style Art déco, offert gracieusement par la ville de Paris au moment de l'inauguration de la station; ces éléments proviennent d'une véritable entrée de métro parisienne.

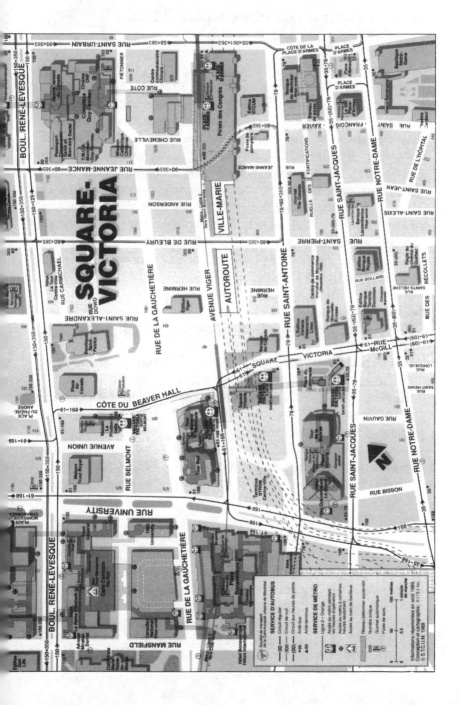

Aux alentours du métro Square-Victoria

■ Le square Victoria

D'abord appelé square des Commissaires jusqu'en 1860, le square Victoria servait depuis la première décennie du XIXᵉ siècle de marché à foin. Lorsqu'il prit son nom actuel, le square, divisé en deux, se parait d'une fontaine et de beaux arbres. Au sud, dans la partie qui porte aujourd'hui le nom de Place du Commerce, les demeures bourgeoises se multipliaient, tandis qu'au nord on abreuvait les chevaux dans un terrain boueux. Ce n'est qu'à la fin de 1872 que la statue de la reine Victoria, réalisée par Marshall Wood, fut dévoilée, entourée de beaux aménagements paysagers. En 1967, la ville de Paris a offert à Montréal les rampes et les lampadaires en fonte émaillée ornant la bouche du métro.

■ La tour de la Bourse et la place Victoria
800, square Victoria, ☎ *871-2424*

Juxtaposée à la place Victoria, la tour de la Bourse fut érigée en 1964; elle compte 47 étages et sa structure est à l'épreuve des secousses sismiques. La conception en est due à l'architecte Luigi Moretti et à l'ingénieur Pier Luigi Nervi, tous deux venus d'Italie. Plusieurs critiques reprochent à ces derniers de ne pas avoir tenu compte de l'environnement dans lequel l'édifice s'insère, ne valorisant ni l'atmosphère du Vieux-Montréal, ni l'espace de verdure qu'il côtoie (le square Victoria et la place du Commerce).

Par contre, il faut reconnaître que sur le plan purement architectural, il s'agit d'une brillante réalisation. L'intérieur abrite des bureaux, des restaurants et un stationnement. Dans le hall d'honneur, une sculpture en verre de Murano représente une sorte de stalactite illuminé de 13 m de long, formée de 3 000 pièces. La tour de la Bourse est reliée au Grand Hôtel et au métro par voies souterraines. Cet ensemble porte le nom de place Victoria.

La Bourse, quant à elle, est située au quatrième étage de l'édifice. Il est possible d'en faire la visite sur semaine de 9 h 30 à 16 h.

■ **La tour Bell Canada et la Banque Nationale**
  Coin Université et Viger

Construites en 1983, ces deux tours d'acier recouvertes d'aluminium et de verre comptent 28 étages et abritent un stationnement de 450 places ainsi que des boutiques et des jardins.

■ **La basilique Saint-Patrick**
  460, boul. René-Lévesque Ouest, ☎ *866-7379*

Inaugurée le jour de la Saint-Patrick en 1847, ce temple gothique est la plus grande église catholique anglophone de Montréal. Deux architectes français travaillèrent à sa construction : Pierre-Louis Morin et Félix Martin. Victor Bourgeau collabora à la décoration intérieure, où l'on retrouve 150 peintures de saints. Le poète Émile Nelligan fut baptisé dans cette église et l'honorable Thomas d'Arcy McGee (un des pères de la Confédération, assassiné en 1863) y fut inhumé lors d'imposantes funérailles. Le banc n° 240 qu'il occupait habituellement est resté intact.

■ **Le centre de commerce mondial**
  360, rue Saint-Jacques, ☎ *393-3355*

D'abord installé sur la rue Sherbrooke, le centre de commerce mondial occupe depuis peu un superbe complexe entre les rues Saint-Jacques, Saint-Antoine, Square-Victoria et Saint-Pierre, où se retrouvent les différents intervenants du monde des affaires internationales, dont les institutions financières, les ministères et les agences gouvernementales.

Il s'agit d'un ensemble d'édifices qu'on a regroupé en préservant tout ce qui avait une valeur architecturale et en comblant les vides avec des constructions s'harmonisant au reste. On a couvert d'une verrière ce qui, au centre, était autrefois la ruelle des Fortifications, et de chaque côté se trouvent maintenant des boutiques. Une très agréable place publique avec une fontaine permet d'admirer paisiblement ce qui est sans doute l'un des plus beaux ensembles architecturaux de Montréal.

Pause-bouffe

Centre de Commerce Mondial
360, rue Saint-Jacques, ☎ *982-9888*

lun au mer	*9 h à 18 h*	*sam et dim fermé*
jeu et ven	*9 h à 21 h*	

L'endroit idéal pour s'alimenter tout en gavant ses yeux des beautés architecturales de l'endroit.

■ **Le musée Marc-Aurèle Fortin**
118, rue Saint-Pierre, ☎ *845-6108*

Situé dans une partie de l'ancien entrepôt des soeurs Grises datant de 1876, ce musée est exclusivement consacré à un seul artiste canadien, Marc-Aurèle Fortin, et renferme des oeuvres peintes et gravées, ainsi que du matériel et des effets personnels de Fortin. Du mardi au dimanche de 11 h à 17 h; entrée 3 $.

■ **Le Centre d'histoire de Montréal**
335, place d'Youville, ☎ *872-3207*

Sur la place d'Youville, une ancienne caserne de pompiers en briques rouges est devenue le Centre d'histoire de Montréal. On y présente un diaporama sur l'histoire de Montréal du temps de la colonie jusqu'à nos jours. À l'étage, des expositions temporaires révèlent des aspects insoupçonnés de la ville en faisant connaître ses coins cachés. Le Centre est ouvert tous les jours de 9 h à 17 h (mai à septembre) et, le reste de l'année, du mardi au dimanche de 11 h à 16 h 30; entrée 3 $.

■ **Le Musée d'archéologie et d'histoire de Montréal**
350, place Royale, ☎ *872-9150*

Inauguré dans le cadre des fêtes du 350ᵉ anniversaire de Montréal, ce haut-lieu de l'histoire de Montréal, également appelé le musée Pointe-à-Callière, permet de découvrir les trésors enfouis sous le sol de Montréal depuis plusieurs centaines d'années, et mis à jour grâce à des fouilles qui durèrent près de 10 ans. Ce bâtiment est entièrement conçu de verre, de béton et de métal. Sa collection nous transporte dans le Montréal des XVIIᵉ, XVIIIᵉ et XIXᵉ siècles. Ouverture prévue : été 1992.

■ **Les écuries d'Youville**
350, place Royale, ☎ *872-1184*

Au sud de la place d'Youville, les écuries du même nom, avec leur cour ombragée, leurs jardins, leurs restaurants et leurs bureaux, constituent l'un des premiers bâtiments du quartier à avoir été rénové. Le complexe était en fait un entrepôt, les étables étant plutôt situées à côté. Construite en 1825, la cour fut aménagée selon une tradition adoptée par les anciens habitants de Montréal, en vue de se protéger contre les attaques des Iroquois.

Station Square-Victoria		
	dim au ven	sam
Vers Henri-Bourassa		
Premier départ	5 h 50	5 h 50
Dernier départ	0 h 51	1 h 21
Vers Côte-Vertu		
Premier départ	5 h 48	5 h 48
Dernier départ	1 h 01	1 h 31

BONAVENTURE
★★♥ ♥ ♥

Ligne n° 2 (orange)

Origine du nom : Cette station fut nommée d'après l'ancienne rue Bonaventure, c'est-à-dire le tronçon de l'actuelle rue Saint-Jacques entre la rue McGill et la place Saint-Henri, qui elle-même rappellerait saint Bonaventure (1221-1274), théologien, philosophe et mystique de l'ordre des franciscains.

Date d'inauguration : 1966

Architecte : Victor Prus

Localisée sous la rue de la Gauchetière, au sud du square Dorchester, la station Bonaventure, de par sa configuration, constitue l'un des points stratégiques du premier réseau piétonnier souterrain de Montréal. D'ici, on peut accéder, grâce à un réseau de couloirs, à la gare Windsor, la gare Centrale, la place Bonaventure, l'hôtel Reine-Elizabeth et la place Ville-Marie, et ainsi correspondre avec les trains de banlieue vers l'ouest, les trains des grandes lignes ainsi que les autobus pour la rive sud. La station a été construite à ciel ouvert plutôt qu'en tunnel afin de dégager de grands volumes et d'étager les voies de circulation. Celles-ci sont éclairées par de grands luminaires carrés suspendus à faible hauteur sous de grandes voûtes élevées. On a pensé les détails de l'architecture comme des aménagements urbains de plein air dans le but de refléter un milieu familier aux usagers.

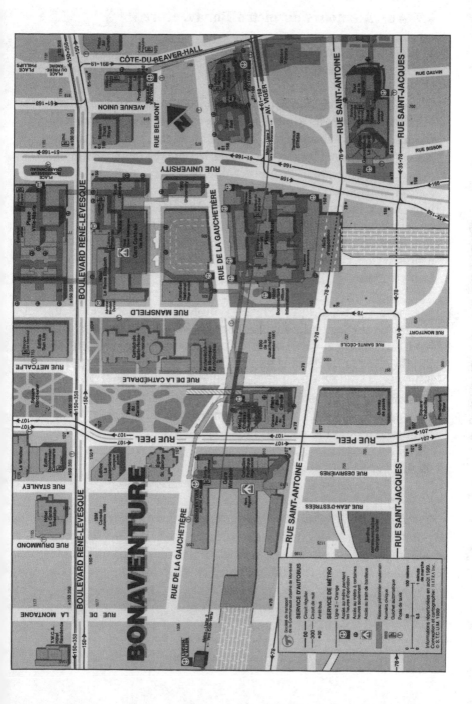

Aux Alentours du métro Bonaventure

■ **La Place Ville-Marie**
   1, Place Ville Marie, ☎ *861-9393*

C'est à l'architecte Ioeh Ming Pei que l'on doit la création d'une ville souterraine à Montréal qui a acquis aujourd'hui une réputation internationale. Et c'est de la Place Ville-Marie que s'étendent les innombrables corridors la reliant à deux stations de métro, deux gares, la Place Bonaventure de même que le Centre Eaton, lieu ouvert à l'automne 1992. On y trouve de plus des bureaux de la Banque Royale du Canada, d'élégantes boutiques, un stationnement souterrain et une place arborant une jolie fontaine. Au sommet de l'édifice, un phare rotatif, perceptible à plus de 85 km, donne des allures hollywoodiennes au ciel de la métropole.

L'espace qu'occupe la Place Ville-Marie a représenté un véritable cauchemar durant plusieurs décennies : il s'agissait d'un trou béant occupé par des rails de chemin de fer qui défiguraient la ville. Dès la fin des années vingt, on prévoyait y construire un complexe inspiré du Rockefeller center de New York. Toutefois, en 1962, après de longues années d'hésitation, on vit apparaître un complexe qui allait devenir le symbole de Montréal, et autour duquel s'organisa le centre-ville moderne par la suite.

■ **La gare Centrale**
   935, rue de la Gauchetière Ouest, ☎ *871-1331*

Terminus de Via Rail et d'Amtrack, cette gare est également le point de départ des trains de banlieue vers Rigaud et Deux-Montagnes. Elle est reliée par voies souterraines à l'hôtel Reine-Elizabeth et aux places Bonaventure et Ville-Marie.

■ **La place Bonaventure**
   901, rue de la Gauchetière Ouest, ☎ *397-2222*

Conçu par Raymond Affleck, il s'agit sûrement du plus élaboré
des complexes multifonctionnels de Montréal, car il compte à lui
seul près de 150 boutiques et magasins sur deux étages, un
cinéma, une station de métro, un stationnement de 1 000
voitures, deux grands halls d'exposition accueillant une foule de
salons internationaux, de foires et d'expositions thématiques. À
son sommet, on trouve encore l'hôtel Bonaventure Hilton et ses
450 chambres, réputé pour son toit-jardin et sa piscine extérieure
chauffée. La place Bonaventure est de plus reliée par voies
souterraines à la gare Centrale et à la place Ville-Marie.

Pause-bouffe

Bel-Gaufre
901, rue de la Gauchetière Ouest, ☎ *866-6283*

lun au mer 8 h à 18 h	*sam et dim 9 h à 18 h*
jeu et ven 8 h à 21 h	

*Au coeur de cet énorme édifice, Bel-Gaufre offre un répit avec
son «fast-food» de type européen. Les gaufres à la liégeoise
sont un délice.*

■ **L'édifice Téléglobe - L'amphithéâtre Bell**
   1000, rue de la Gauchetière Ouest, ☎ *499-2001*

Cet édifice, qui ne se profile dans le ciel montréalais que depuis
peu, impressionne par sa hauteur et son originalité. En effet, le
1000, de la Gauchetière, avec 42 étages, est le plus haut édifice
de la métropole et possède une patinoire et un amphithéâtre de
1 600 places au rez-de-chaussée, où se tiennent de nombreux
événements de patinage artistique tout au long de l'année, un peu
à la façon de la célèbre patinoire du Rockefeller center Plaza à
New York. Le bâtiment abrite également des boutiques et des
restaurants, ainsi que le terminus d'autobus de la Société de
Transport de la Rive Sud de Montréal (STRSM), un station-

nement de 600 places et, dans son hall, un jardin d'hiver avec de grands arbres.

■ **La cathédrale Marie-Reine-du-Monde**
Angle René-Lévesque et Mansfield, ☎ *866-1661*

Jadis appelé cathédrale Saint-Jacques le Majeur, ce temple catholique fut construit entre 1870 et 1894 par Victor Bourgeau pour remplacer celui de la rue Saint-Denis, ravagé par un incendie. L'idée de Mgr Ignace Bourget, deuxième évêque de Montréal, était d'ériger une réplique à l'échelle réduite au tiers de la basilique Saint-Pierre de Rome, en plein coeur du quartier anglophone protestant de Montréal. À l'intérieur se trouvent les restes des différents évêques de Montréal, dont ceux du cardinal Paul-Émile Léger.

Installée sur le terrain de la cathédrale, la statue de Mgr Bourget fut réalisée par Louis-Philippe Hébert. Quant aux statues qui ornent la corniche, elles représentent les saints patrons de l'archidiocèse, à l'époque où l'église fut construite. Ouverte tous les jours de 7 h à 19 h de mai à septembre; d'octobre à avril, le samedi de 8 h à 19 h 30 et le dimanche de 9 h 30 à 19 h 30.

■ **La place du Canada et le Château Champlain**
1050, rue de la Gauchetière Ouest

Terminé au milieu des années soixante-dix, l'édifice principal de la place aux allures mornes côtoie le Château Champlain qui, selon les critiques, est une véritable réussite sur le plan de l'originalité. Propriété du Canadien Pacifique, le Château est un hôtel de 700 chambres construit en 1967. L'immeuble se distingue par ses fenêtres bombées en arcs. Érigée en 1891, la statue située au centre du square représente John A. Macdonald, un des Pères de la Confédération et premier ministre du Canada entre 1867 et 1891.

■ La gare Windsor
Angle Peel et de la Gauchetière

Construite en 1889, cette gare d'architecture néo-romane est une réalisation du Canadien Pacifique et de l'architecte américain Bruce Price. Elle fut aménagée afin de servir à la fois de terminus ferroviaire et de siège social pour cette compagnie. La salle des pas-perdus, construite en verre et en acier, abrite, sous une magnifique verrière, deux monuments. Le premier est consacré à Lord Mount Stephen, premier président du Canadien Pacifique; le second, au mérite des braves du Canadien Pacifique morts au combat lors de la Première Guerre Mondiale. Ce dernier fut érigé en 1921.

■ L'église Saint-George
1101, rue Stanley, ☎ *866-7113*

L'église anglicane Saint-George, joyau de l'architecture victorienne, fut construite en 1869-70 par William Thomas. La tour date de 1893-94, et l'orgue fut installé par la maison Casavant en 1896. Les cloches ne sont apparues dans la tour qu'en 1899. À l'intérieur, les sculptures sur bois et la tapisserie proviennent d'Angleterre.

■ L'édifice La Laurentienne
1100, René-Lévesque Ouest

Érigé en 1985, cet édifice moderne qui forme un angle oblique avec les artères qui l'entourent, occupe le site de l'ancien hôtel Laurentien, qui comptait 25 étages et plus de 1 000 chambres. L'édifice La Laurentienne, aujourd'hui de 27 étages, fut réalisé conjointement par la Canadien Pacifique, Lavalin et la compagnie d'assurance La Laurentienne. Sur la place qui l'entoure, on remarque de nombreuses jardinières, des arbres et une fontaine.

■ **La tour IBM-Marathon**
  1200, boul. René-Lévesque Ouest

La société International Business Machines s'est dotée ici de son premier immeuble en sol canadien. Jadis à la place Ville-Marie, IBM se retrouve désormais dans ce géant d'un quart de milliard de dollars, relié par voies souterraines à la gare Windsor, à la place du Canada, à la place Bonaventure et au métro. Cet édifice de 45 étages a été construit en retrait du boul. René-Lévesque, coin Drummond, et se présente comme un ensemble de verre et de granit gris perle.

■ **La Maison de la Poste**
  1025, rue Saint-Jacques, ☎ *283-4623*

Centre philatélique de la Société Canadienne des Postes présentant régulièrement des expositions thématiques. Durant le temps des fêtes, des dizaines de postiers répondent aux milliers de lettres que des enfants de tous les coins du monde envoient au Père Noël. La Maison est ouverte en semaine de 8 h à 17 h 45.

■ **Le square Chaboillez**
  Sur Peel entre Saint-Jacques et Notre-Dame.

Carrefour important, fort achalandé à la fin du siècle dernier, et entouré de nombreuses demeures et magasins, le square Chaboillez a aujourd'hui une toute autre vocation. La partie nord loge le Planétarium Dow, et au sud, de beaux arbres camouflent l'entrée d'un tunnel de l'autoroute 20. Aux abords de la rue Saint-Jacques veille la statue de Copernic. Cet astronome du XVIe siècle découvrit la rotation de la Terre autour du Soleil. Le monument fut dévoilé lors de l'Expo 67 grâce à la commandite du Congrès Polonais du Canada. Elle mesure 3 m et pèse 2 450 kilos. Il s'agit d'une réplique de la statue de Copernic au Danemark. Lors de l'inauguration officielle du nouvel emplacement, devant le Planétarium, en 1975, on déposa sous une plaque, en hommage au plus célèbre des Polonais, des échantillons de terre provenant des villes de son pays : Torun (son lieu de naissance, en 1473), Cracovie (où il fit ses études) et Frombok (où il travailla et mourut en 1543).

■ **Le Planétarium Dow**
  1000, rue Saint-Jacques Ouest, ☎ *872-4530*

Le Planétarium, que les enfants appellent aussi théâtre des étoiles, présente annuellement cinq à six spectacles commentés par des spécialistes. Ces spectacles sont élaborés à partir de thèmes pris dans l'actualité et se réfèrent à l'astronomie. Enfants et adultes se divertissent de ces saisissantes expériences audio-visuelles. Le Planétarium est ouvert tous les jours.

Station Bonaventure		
	dim au ven	**sam**
Vers Henri-Bourassa		
Premier départ	5 h 49	5 h 49
Dernier départ	0 h 50	1 h 20
Vers Côte-Vertu		
Premier départ	5 h 49	5 h 49
Dernier départ	1 h 02	1 h 32

LUCIEN-L'ALLIER ★★♥

Ligne n° 2 (orange)

Origine du nom : Lucien L'Allier (1909-1978) fut l'ingénieur en chef de l'aménagement des îles Notre-Dame et Sainte-Hélène pour l'Expo 67 ainsi que du réseau initial du métro de Montréal. Il fut nommé président de la Commission de transport de Montréal en 1964, puis président-directeur général de la Commission de transport de la Communauté urbaine de Montréal, lors de la création de cet organisme en 1970. La rue de l'Aqueduc est devenue la rue Lucien-L'Allier en 1979.

Date d'inauguration : 1980

Architecte : David, Boulva, Cleve

Sise au coin des rues Argyle et Lucien-L'Allier, cette station, qui de l'extérieur apparaît plus que modeste, possède à l'intérieur un aspect monumental. Étant donné sa profondeur (26,5 m), ses concepteurs ont adopté le principe d'un grand espace central qui permet d'obtenir, dès l'entrée de l'édicule, une vue d'ensemble des quatre niveaux de circulation au-dessus du quai. Les plafonds, généralement traités en voûtes, et la grande hauteur des murs évoquent une cathédrale moderne, dépouillée d'ornements superflus. Ainsi retrouve-t-on peu d'éléments décoratifs, mis à part une grille sculpturale dissimulant la galerie de ventilation naturelle de la station. La brique brune à texture rugueuse, dont on a recouvert les murs, dégage une certaine chaleur.

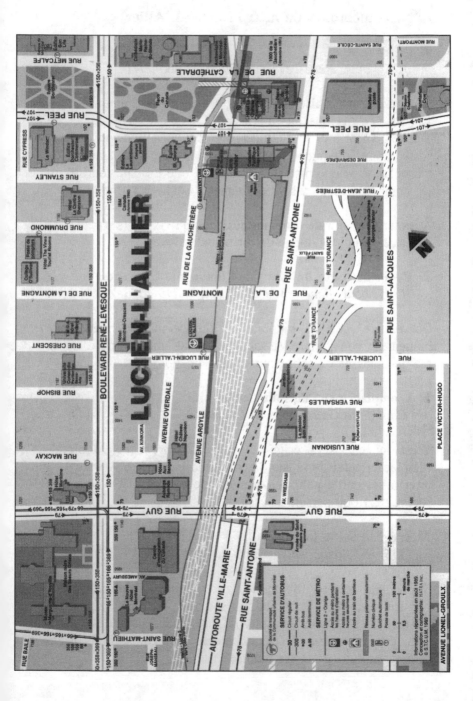

Aux alentours du métro Lucien-L'Allier

■ Le YWCA
1355, boul. René-Levesque Ouest, ☎ *866-9941*

La filiale montréalaise du YWCA, avec ses 107 chambres et ses 128 lits, ne manque pas d'attirer les visiteuses à la recherche d'hébergement à prix modiques. De plus, le «Y» dispose d'une vaste gamme d'équipements de conditionnement physique et de musculation, d'une piscine, d'un sauna et d'un bain tourbillon. De nombreux cours y sont également dispensés.

À noter, la murale fort intéressante qui orne la façade de l'édifice, et qui lui donne un air néo-classique.

■ Le Visual Arts Building de l'université Concordia
1395, boul. René-Levesque Ouest, ☎ *848-4676*

Cet édifice, que les habitués de l'université appellent communément V.A., pour Visual Arts, abrite une galerie d'art au rez-de-chaussée où sont exposées les créations des étudiants.

■ L'emplacement du nouveau Forum
Coin de la Gauchetière et Drummond

C'est ici que sera érigé le nouveau Forum de Montréal, remplaçant celui de la rue Sainte-Catherine (métro Atwater). Il ouvrira ses portes pour la saison de hockey 1995-1996 et pourra recevoir 21 000 personnes assises.

■ L'église Saint-Joseph
555, rue Richmond, au nord de Notre-Dame.

Située sur la rue Richmond, cette église de pierre grise, construite en 1860, surprend par son style architectural campagnard. En 1879, pour la messe de minuit, des ampoules électriques éclairaient son intérieur, ce qui aux yeux des historiens semble être une première montréalaise.

La paroisse qu'elle desservait jadis, également nommée Saint-Joseph, comptait près de 10 000 fidèles. Aujourd'hui, les petites maisons du quartier ont été remplacées par des immeubles à logements modernes, laissant l'église seule avec ses souvenirs du tournant du siècle.

Station Lucien-L'Allier		
	dim au ven	sam
Vers Henri-Bourassa		
Premier départ	5 h 48	5 h 48
Dernier départ	0 h 48	1 h 19
Vers Côte-Vertu		
Premier départ	5 h 50	5 h 50
Dernier départ	1 h 03	1 h 33

GEORGES-VANIER ★★

METRO Ligne n° 2 (orange)

Origine du nom : L'ancienne rue Fulford devint le boulevard Georges-Vanier en 1967. Ce nouveau nom honore la mémoire du général Georges-Philias Vanier (1888-1967), avocat, militaire, diplomate et gouverneur général du Canada de 1959 à 1967.

Date d'inauguration : 1980

Architecte : Pierre-W. Major

On accède à cette station par un édicule situé à l'intersection sud-est des rues Georges-Vanier et Saint-Antoine. Puis, un long couloir en courbe achemine les voyageurs au hall principal, aménagé autour d'une imposante colonne à la fois fonctionnelle et décorative qui supporte la grande voûte souterraine et les appareils d'éclairage. Implantée au niveau du quai, cette oeuvre de Michel Dernuet symbolise un arbre au milieu d'un parc, lequel est localisé un étage au-dessus. Les deux volumes adjacents au hall principal sont décorés de diverses formes aux couleurs bleutées. Le parement au niveau des quais est constitué de briques bleues, grises et noires.

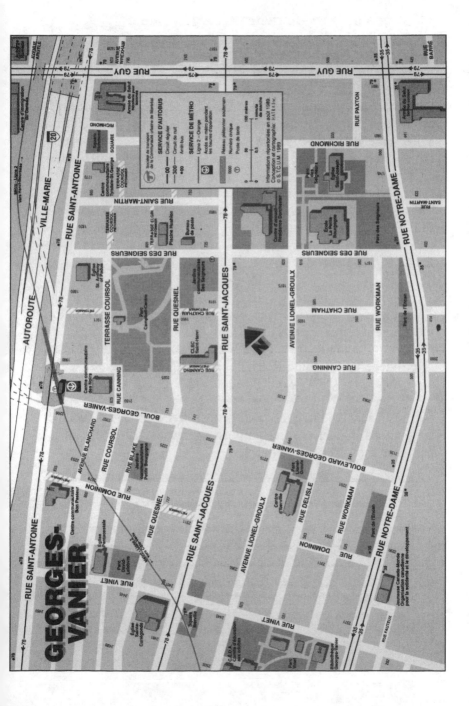

Aux alentours du métro Georges-Vanier

■ **Le centre communautaire des Noirs**
709, rue Chatam, ☎ *934-1605*

Situé au coin des rues Coursol et Canning, l'édifice qui abrite le centre communautaire des Noirs fut érigé en 1890. Il s'agissait à l'époque d'une église. Le centre dessert les communautés noires du sud-ouest de Montréal et on y pratique différentes activités de loisir (cours de français et de danse, et plusieurs sports). Il dispose également d'une bibliothèque sur la culture et l'histoire des Noirs, et offre par ailleurs des services de conseillers.

■ **La Petite-Bourgogne**

Ce secteur de la métropole est délimité par les rues Atwater à l'ouest et Guy à l'est, l'autoroute Ville-Marie au nord et les terrains du Canadien Pacifique au sud. La ressemblance des environs (une plaine parcourue de ruisseaux et de rivières) avec la province française de Bourgogne explique le nom de Petite-Bourgogne.

Son histoire a été marquée par la construction du canal Lachine sur le bord duquel on a érigé de nombreuses usines durant la première moitié du siècle dernier.

Station Georges-Vanier		
	dim au ven	**sam**
Vers Henri-Bourassa		
Premier départ	5 h 46	5 h 46
Dernier départ	0 h 47	1 h 18
Vers Côte-Vertu		
Premier départ	5 h 51	5 h 51
Dernier départ	1 h 04	1 h 34

LIONEL-GROULX ★

Ligne n° 1 (verte)
Ligne n° 2 (orange)

Origine du nom : Lionel Groulx (1878-1967), originaire de Vaudreuil, fit ses études de théologie au Grand Séminaire de Montréal et fut ordonné prêtre le 28 janvier 1903. Professeur de lettres et de rhétorique au séminaire de Valleyfield de 1903 à 1906, puis de 1909 à 1915, il fut nommé professeur titulaire de la chaire d'histoire du Canada (1915-1950). Chanoine honoraire en 1943, Lionel Groulx fut aussi président-fondateur de l'Institut d'histoire de l'Amérique française en 1946 et directeur de la Revue d'histoire de l'Amérique française (1947-1967). Ses nombreux écrits, romans et ouvrages historiques lui valurent plusieurs prix et marquèrent profondément la vie intellectuelle et sociale de son époque.

Date d'inauguration : 1978

Architecte : Yves Roy

Située à l'angle des rues Atwater et Saint-Jacques, Lionel-Groulx est une station de correspondance entre les lignes 1 et 2. Cette station, à quai central et à double niveau, a été conçue de façon à ce que les mouvements des passagers changeant de ligne se fassent pour la plus grande part au même niveau. Son aménagement à aires ouvertes lui donne un aspect spacieux, et bien que le revêtement principal des murs et des plafonds soit le béton, les planchers recouverts de pastilles de céramique aux couleurs automnales égayent les lieux. De la mezzanine, on peut embrasser du regard tout le volume de la station ainsi que les quatre voies. On remarque de plus deux murales en acier inoxydable qui reflètent le déplacement des voyageurs. Face à celles-ci, une sculpture sur noyer centenaire de Joseph Rifesser représente les grandes familles humaines issues d'une souche commune.

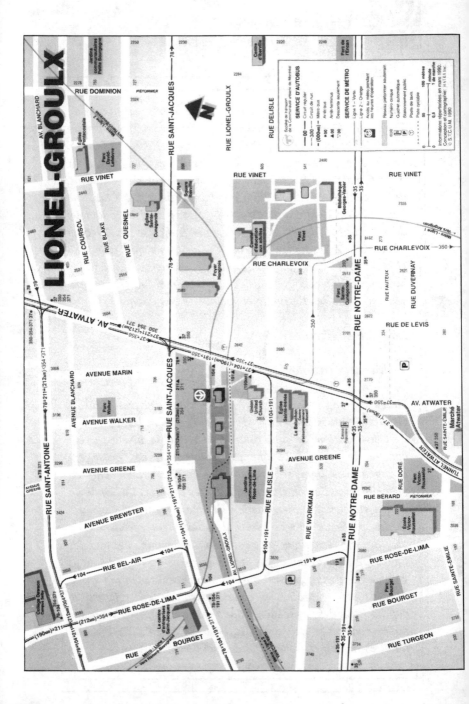

Aux alentours du métro Lionel-Groulx

■ **L'église Saint-Irénée**
3030-3044, rue Delisle

La construction de cette église remonte à 1912, alors que le presbytère date de 1911. On doit l'architecture de ce temple à McDuff et Lemieux.

■ **Le marché Atwater**
Avenue Atwater au sud de la rue Notre-Dame, ☎ *872-2491*

Ce marché où plus d'une soixantaine de producteurs agricoles offrent leurs denrées est particulièrement animé les vendredis, samedis et dimanches. L'atmosphère y est alors tout à fait exceptionnelle.

■ **La piste cyclable du canal Lachine**

La piste cyclable du canal Lachine passe tout près du marché Atwater. Longue de 11 km, cette piste éclairée en soirée permet une vue imprenable du centre-ville. En hiver, elle devient un sentier de ski de fond. Le canal Lachine fut aménagé en 1825 afin que les bateaux puissent coutourner les puissants rapides de Lachine. Avec l'ouverture de la Voie maritime du Saint-Laurent, ce canal devint inutile et fut fermé à la navigation.

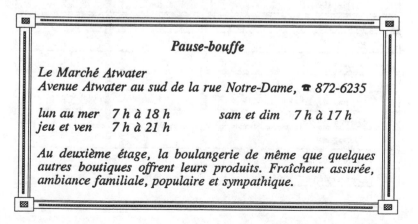

Pause-bouffe

Le Marché Atwater
Avenue Atwater au sud de la rue Notre-Dame, ☎ *872-6235*

lun au mer	*7 h à 18 h*	*sam et dim 7 h à 17 h*
jeu et ven	*7 h à 21 h*	

Au deuxième étage, la boulangerie de même que quelques autres boutiques offrent leurs produits. Fraîcheur assurée, ambiance familiale, populaire et sympathique.

■ L'église Sainte-Cunégonde
2461, rue Saint-Jacques

Construite en 1905-1906 par Joseph-Omer Marchand, l'église Sainte-Cunégonde impressionne par son style Beaux-Arts, son dôme immense sans colonne et ses gigantesques vitraux. En plus des célébrations habituelles, la messe y est présentée en latin, très tôt le dimanche.

Pause-bouffe

Café Bait Tul Mal
2459, rue Notre-Dame Ouest, ☎ *939-1576 (magasin)*
ou 937-9339 (salon thé)

lun au ven   10 h à 20 h   dim   fermé
sam   10 h à 17 h

Un petit café africain, à l'étrange façade zébrée. Plein d'habitués, on y sert quelques spécialités africaines.

Station Lionel-Groulx		
	dim au ven	sam
Vers Henri-Bourassa		
Premier départ	5 h 45	5 h 45
Dernier départ	0 h 46	1 h 16
Vers Côte-Vertu		
Premier départ	5 h 53	5 h 53
Dernier départ	1 h 06	1 h 36
Vers Honoré-Beaugrand		
Premier départ	5 h 40	5 h 40
Dernier départ	0 h 45	1 h 15
Vers Angrignon		
Premier départ	5 h 54	5 h 54
Dernier départ	1 h 06	1 h 36

PLACE SAINT-HENRI ★★★♥

METRO Ligne n° 2 (orange)

Origine du nom : Au XVIIIᵉ siècle, on appelait ce secteur Les Tanneries. En 1810, on y construisit une première chapelle qui fut placée sous la protection de saint Henri, en l'honneur, dit-on, de l'abbé Henri-Auguste Roux, alors supérieur du séminaire de Saint-Sulpice. La place Saint-Henri n'a pas été planifiée comme telle mais fut plutôt façonnée par l'usage et devint progressivement le centre d'un noyau urbain important.

Date d'inauguration : 1980

Architectes : Hébert et Lalonde

Cette station est accessible par un édicule situé à l'intersection des rues Saint-Jacques et Saint-Ferdinand, ou par des galeries au niveau de la mezzanine depuis les deux côtés de la rue Saint-Jacques. L'espace souterrain de cette station a été pensé comme une progression de voûtes. Le plafond de la mezzanine est d'ailleurs constitué de caissons triangulaires exprimant le concept du projet. La forme triangulaire est également reprise pour le toit de l'édicule : des puits de lumière en matière plastique transparente surmontent des caissons pour laisser pénétrer la lumière. Les murs des quais sont recouverts de brique émaillée, colorée selon un système progressif d'intensité partant de tons de bleu aux bouts des quais et rejoignant le jaune à la base des escaliers dans le grand volume. Un élément sculptural mobile, oeuvre de Jacques de Tonnancour, anime le centre du grand volume grâce à une ouverture pratiquée entre la mezzanine et les voies. Au niveau du contrôle, on remarque une murale de Julien Hébert évoquant le roman «Bonheur d'occasion» de Gabrielle Roy.

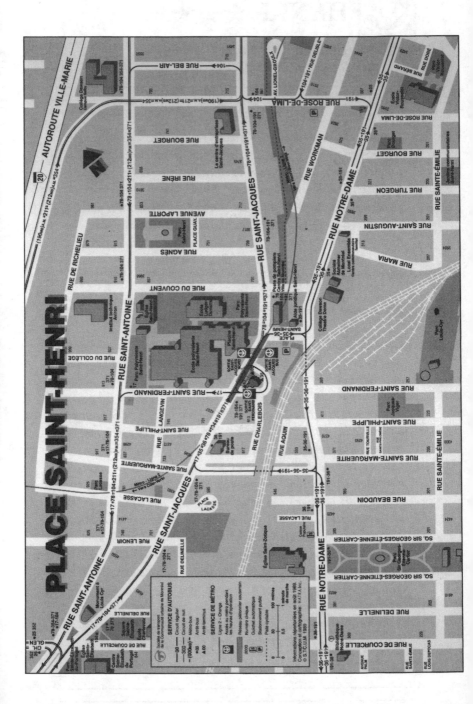

Aux alentours du métro Place Saint-Henri

■ Le parc Saint-Henri

Situé au coin des rues Laporte et Saint-Antoine, le parc Saint-Henri est un îlot de verdure unique à Montréal ou l'on peut rêver à loisir du temps passé.

Une balade dans ce parc, qui n'a subi que très peu de modifications depuis l'inauguration de sa statue en 1896, ramène au XIX° siècle.

Jadis appelé square Jacques-Cartier, puis place Guay, en l'honneur d'un ancien maire de Saint-Henri, ce parc est situé dans l'ancien secteur bourgeois du quartier et possède toujours l'allure des jardins parisiens et montréalais de l'époque, avec ses allées de gravier beige et ses grands arbres.

La fontaine, en plein centre du parc, a été réalisée par le sculpteur montréalais Rature Vincent. Elle représente Jacques Cartier, découvreur du Canada. Il s'agit d'une des rares oeuvres de style Second Empire subsistant encore à Montréal.

La plupart des jolies maisons entourant le parc furent construites en 1882. L'élite locale y vivait. Parmi les médecins, les avocats et les notaires, résidait le maire Guay, au 846 de la rue Agrès, qui borde le parc à l'ouest.

■ Le parc Louis-Cyr

Au carrefour des rues Saint-Antoine, Saint-Jacques et de Courcelle, on aperçoit le monument Louis Cyr réalisé par le sculpteur Robert Pelletier en 1973. Le célèbre homme fort fut policier à Saint-Henri de 1883 à 1885.

Louis Cyr, surnommé le «Samson canadien», avait été proclamé «l'homme le plus fort que le monde ait jamais connu» par le Times de Londres en 1891. Alors qu'il démontrait ses talents lors d'un événement tenu à Saint-Henri, Cyr fut approché par le maire de la municipalité qui lui offrit de devenir policier. On dit qu'il ramena l'ordre dans cette localité aux prises avec de dangereux malfaiteurs.

■ **Le parc Sir-George-Étienne-Cartier**

S'étendant de la rue Notre-Dame à la rue Saint-Ambroise, le parc Sir-George-Étienne-Cartier était jadis occupé par les abattoirs Dominion. Dès son aménagement, vers 1910, on voit apparaître autour du parc de nombreuses maisons à trois étages avec un escalier intérieur, comme c'est alors la mode.

Station Place Saint-Henri		
	dim au ven	sam
Vers Henri-Bourassa		
Premier départ	5 h 44	5 h 44
Dernier départ	0 h 44	1 h 15
Vers Côte-Vertu		
Premier départ	5 h 54	5 h 54
Dernier départ	1 h 07	1 h 37

VENDÔME ★★

Ligne n° 2 (orange)

Origine du nom : *L'avenue de Vendôme fut ainsi nommée en 1910. Le manque de renseignements précis quant à l'origine de ce toponyme oblige à n'émettre que des hypothèses. On sait qu'en France, Vendôme désigne une place de Paris et une sous-préfecture du département du Loir-et-Cher. Par ailleurs, plusieurs ducs de Vendôme jouèrent un rôle important dans l'histoire de la France. La présence de la particule laisse croire que l'avenue de Vendôme rappelle l'un ou l'ensemble des ducs de Vendôme, plutôt que la place ou la municipalité.*

Date d'inauguration : 1981

Architectes : Desnoyers, Mercure, Leziy, Gagnon, Sheppard et Gélinas

Cette station se situe dans un quartier résidentiel de l'ouest de Montréal. C'est aussi une gare inter-modale permettant de prendre le train de banlieue vers Rigaud. Un seul édicule, au coin des rues Maisonneuve et Marlowe, établit la relation quai-sol. De l'extérieur, le désign de la station évoque les wagons stationnés dans la cour de triage adjacente. À l'intérieur, on remarque la grande simplicité d'un style qui favorise les angles arrondis. Ainsi, au niveau des quais, un plafond en béton lisse rejoint d'une manière fluide les murs inclinés. Quant à la structure, elle consiste en une voûte à plafond horizontal formant un cadre-portique reposant sur une plate-forme. Coiffant la station, au-dessus de la mezzanine, l'édicule se veut une répétition du même cadre. Au centre de la station, une verrière de Marcelle Ferron diffuse la lumière naturelle jusqu'au niveau des quais. Suspendus tout près, une série de tubes en acier inoxydable se développent en spirale et reflètent les couleurs changeantes provenant de la verrière.

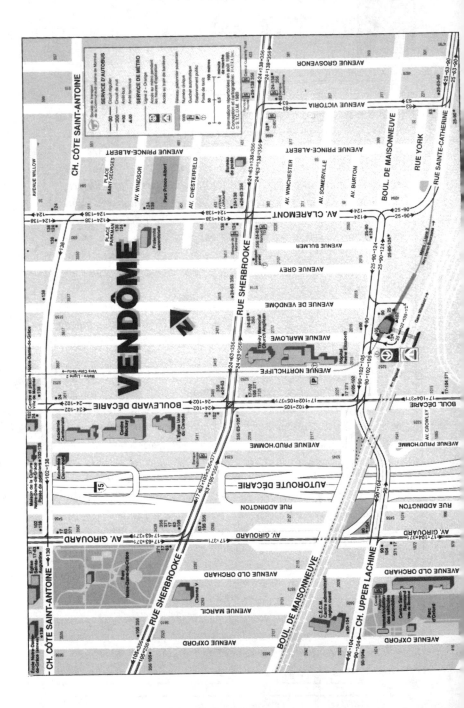

░░Aux alentours du métro Vendôme░░

■ **La Trinity Memorial Church**
   5220, rue Sherbrooke Ouest, ☎ *484-3102*

Cette église anglicane fut construite il y a environ 75 ans, dans une paroisse qui existe depuis 1840. Son aspect est des plus sobres, puisqu'il s'agit en fait d'un simple bâtiment de granit dépourvu de clocher. Les services de cette église ne se font qu'en anglais.

Pause-bouffe

Encore une Fois
351, rue Prince-Albert, ☎ *488-3390*

lun au jeu	*11 h à 23 h*	*dim 11 h à 23 h*
ven et sam	*11 h à 24 h*	

Sorti tout droit du mouvement «peace and love» des années soixante, ce restaurant est une halte fort recommandée pour la qualité de ses plats et son atmosphère détendue.

Station Vendôme		
	dim au ven	sam
Vers Henri-Bourassa		
Premier départ	5 h 42	5 h 42
Dernier départ	0 h 42	1 h 13
Vers Côte-Vertu		
Premier départ	5 h 56	5 h 56
Dernier départ	1 h 09	1 h 39

VILLA-MARIA ★★♥

Ligne n° 2 (orange)

Origine du nom : En 1854, la congrégation de Notre-Dame fit l'acquisition d'une résidence bâtie en 1803 pour le juge James Monk. Les religieuses y aménagèrent un pensionnat qui accueillit ses premières élèves dès l'automne de 1854. Marguerite Bourgeoys ayant placé la congrégation qu'elle avait fondée sous la protection de la Vierge Marie, les soeurs nommèrent «Villa Maria» cette nouvelle maison d'enseignement. La station a été construite juste au nord de l'entrée principale de cette institution.

Date d'inauguration : 1981

Architecte : André Léonard

Située dans le quartier Notre-Dame-de-Grâce, la station Villa-Maria comporte un seul édicule, érigé en tranchée à une extrémité de la station qui fut taillée en tunnel dans le roc. Au niveau des quais, des panneaux de béton blanc composent le revêtement mural. Des bancs en béton polymère très colorés viennent s'y intercaler. Le dégradé des tons automnaux se continue jusque dans le plancher par un agencement de tuiles en céramique. Deux murales (sur le mur est de la salle des contrôles et le mur ouest de la passerelle) servent de dérivatif visuel et facilitent l'orientation des voyageurs par rapport aux différents niveaux de la station. Création de l'architecte, elles sont formées de grosses rondelles colorées, moulées en béton polymère et arborant une fente qui, grâce à des décalages successifs de 45° d'une pièce à l'autre, créent une impression de mouvement tout en imprimant un sens directionnel.

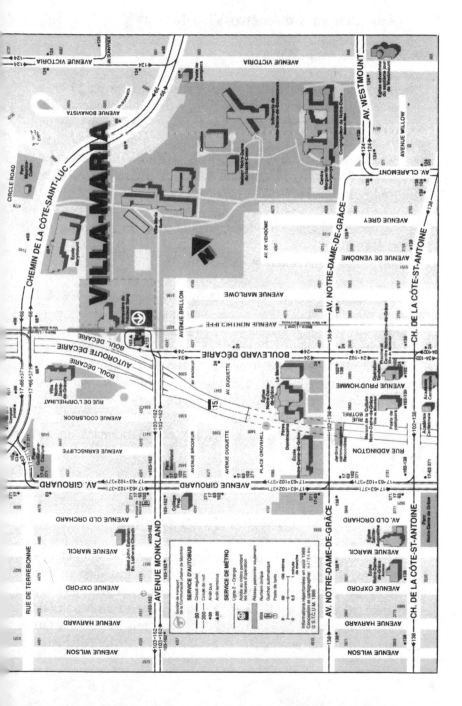

Aux alentours du métro Villa-Maria

■ Le collège Villa-Maria

James Monk, juge en chef du Bas Canada, acheta en 1795 le domaine Monkland et y bâtit une villa qui devint la résidence des gouverneurs du Canada de 1844 à 1849. Les soeurs de la congrégation de Notre-Dame achetèrent la propriété en 1854 pour en faire le pensionnat pour jeunes filles Villa-Maria. Le monument fut reconnu historique par le ministère des Affaires culturelles du Québec.

■ Le centre Marguerite-Bourgeoys, ou la congrégation de Notre-Dame
4873, rue Westmount, ☎ *487-2420*

La congrégation de Notre-Dame s'établit à Montréal en 1908. La maison mère en était alors située au coin des rues Atwater et Sherbrooke. La congrégation se fit connaître par l'enseignement qu'elle offrait aux jeunes filles. L'école, qui se nommait Collège Marguerite-Bourgeoys, débuta ses activités en 1927, date à laquelle elle s'installa dans ce bâtiment de la rue Westmount. En 1985, le collège ferma ses portes et devint alors la maison mère de la congrégation. L'entrée de ce vaste bâtiment de briques jaunes est surmontée de quatre colonnes lui donnant un air pompeux.

■ La paroisse Notre-Dame-de-Grâce et la maison des pères dominicains
5375, rue Notre-Dame-de-Grâce, ☎ *481-0115*

Les bâtiments de granit de ce complexe forment un bel ensemble, regroupant la maison des pères dominicains ainsi qu'une petite église et son presbytère. C'est dans cette église que fut inhumé Jacques Viger (1787-1858), ancien maire de Montréal. À l'extrémité droite de la structure, on aperçoit le clocher, qui semble bien loin de son église. À gauche, le presbytère de pierre a fier allure.

■ **L'église Saint-Augustine**
5565, côte Saint-Antoine, ☎ *486-4795*

Cette église catholique datant de 1916 est installée en plein coeur de la paroisse Notre-Dame-de-Grâce. On la remarque aisément à son imposante tour carrée, placée au milieu d'une façade par ailleurs fort jolie grâce aux statues, aux deux petites tourelles et au dôme central qui l'agrémentent. Le charme s'en trouve également rehaussé par l'heureux mariage des styles Renaissance et néo-gothique. L'église n'offre des services qu'en anglais.

Pause-bouffe

Franni
5528, rue Monkland, ☎ *486-2033*

lun au jeu   11 h à 23 h   dim   11 h à 23 h
ven et sam   11 h à 24 h

Les meilleurs gâteaux au fromage du Québec. Malheureusement l'endroit est petit, et il faut souvent attendre une place.

■ **La Maison de la culture NDG**
3755, rue Botrel, ☎ *872-2157*

Le bâtiment logeant cette Maison de la culture fut construit en 1912 par l'architecte Daoust. On y trouve une salle de spectacles, ainsi qu'une autre, vouée aux arts visuels.

Station Villa-Maria		
	dim au ven	**sam**
Vers Henri-Bourassa		
Premier départ	5 h 40	5 h 40
Dernier départ	0 h 40	1 h 11
Vers Côte-Vertu		
Premier départ	5 h 58	5 h 58
Dernier départ	1 h 11	1 h 41

SNOWDON ★★

Ligne n° 2 (orange)
Ligne n° 5 (bleue)

METRO

Origine du nom : *La rue Snowdon rappelle le nom de l'ancien propriétaire de la terre traversée par cette voie. L'intersection du chemin Queen Mary et du boulevard Décarie formait le noyau de ce secteur qui prit aussi le nom de Snowdon.*

Date d'inauguration : *1981*

Architecte : *Jean-Louis Beaulieu*

Reliée à un bâtiment de quatre étages abritant des locaux de la STCUM, à l'intersection des rues Queen Mary et Westbury, la station Snowdon est un point de correspondance entre les lignes 2 et 5. Cette station est du type à quai central et à double niveau. En effet, afin de réduire les démolitions dans le quartier, l'architecte a imaginé la station comme un réseau de tunnels, à deux niveaux, comportant chacun sa circulation spécifique. Les rames circulent dans deux tunnels placés de part et d'autre d'un tunnel central qui reçoit les passagers. Ces trois tunnels sont reliés en quatre endroits par des tunnels transversaux permettant les correspondances directes. De grands cubes déposés aux carrefours indiquent les directions. Une brique d'argile rouge des Cantons de l'Est recouvre les murs et les sols, depuis l'extérieur du bâtiment jusqu'aux quais. Afin de briser l'aspect monochrome des lieux, l'artiste Claude Guité a réalisé quatre murales représentant chacune une saison. On les retrouve le long des quais, sur toute la longueur de la station. Au niveau des contrôles, un jardin ouvert à la surface, agrémenté d'arbres et de lierres, apporte la lumière en sous-sol tout en offrant un espace de repos aux voyageurs.

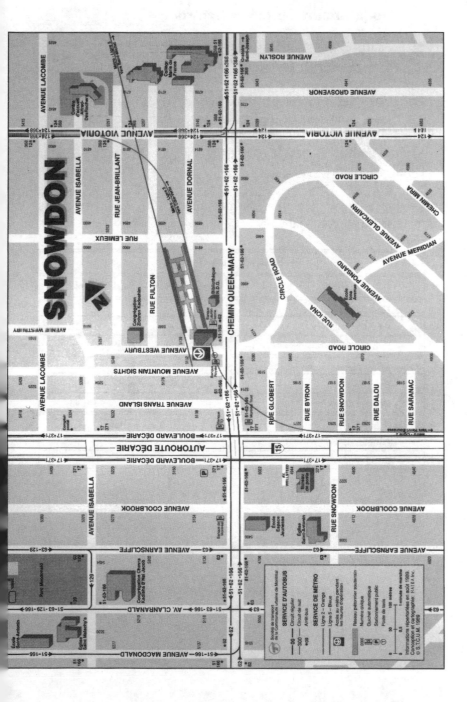

Aux alentours du métro Snowdon

■ **Le collège Marie-de-France**
4635, chemin Queen Mary, ☎ *737-1177*

En 1939, des professeurs français, envoyés par l'Éducation Nationale, fondaient au Québec un lycée français comme on en trouve beaucoup à travers le monde. D'abord situé sur la rue Sainte-Famille, il déménagea dans l'ancien Protestant Foster Home en 1946.

Le lycée reçoit actuellement quelque 1 500 étudiants de la maternelle au collégial.

Station Snowdon		
	dim au ven	**sam**
Vers Henri-Bourassa		
Premier départ	5 h 38	5 h 38
Dernier départ	0 h 39	1 h 09
Vers Côte-Vertu		
Premier départ	6 h 00	6 h 00
Dernier départ	1 h 13	1 h 43
Vers Saint-Michel	**Tous les jours**	
Premier départ	5 h 30	
Dernier départ	23 h 01	

CÔTE-SAINTE-CATHERINE ★★

Ligne n° 2 (orange)

Origine du nom : La côte Sainte-Catherine, déjà connue sous ce nom au XVIIe siècle, correspondait au territoire qui devint le village d'Outremont en 1875. Ici comme ailleurs, le chemin principal fut désigné du nom de la côte : chemin de la Côte Sainte-Catherine. En 1913, celui-ci se terminait, à l'ouest, au chemin de la Côte-des-Neiges. La portion ouest, où se trouve la station de métro, forme donc la section la plus récente du chemin de la Côte Sainte-Catherine.

Date d'inauguration : 1982

Architecte : Gilbert Sauvé

La station est localisée sur le versant ouest du mont Royal, à la rencontre de l'avenue Victoria et du chemin de la Côte Sainte-Catherine. Bien qu'elle ne possède pas de grands attraits sur le plan esthétique, son architecture s'avère fonctionnelle et dégagée. Ainsi, à partir de l'édicule, une fois engagé dans une première descente, le voyageur peut visualiser son cheminement à travers un grand volume contenant la passerelle, l'escalier mécanique, la salle de contrôle et les escaliers menant aux quais. De façon générale, les murs et les plafonds sont en béton apparent traité au jet de sable et les planchers sont revêtus de granit de teinte pâle. Sur chacun des quais, des panneaux de béton préfabriqués à motifs représentant des séquences directionnelles facilitent l'orientation du voyageur descendant de voiture en l'amenant naturellement vers les escaliers. Le parcours du voyageur est également souligné par des panneaux métalliques peints en jaune, vert et orange, de même que par un éclairage d'ambiance.

Aux alentours du métro Côte-Sainte-Catherine

■ **Le centre Saidye-Bronfman**
5170, côte Sainte-Catherine, ☎ *739-2301*

Construit en 1970 par les architectes Lambert et Greenspoon, ce centre renferme une salle de spectacle de 300 places et une galerie d'art contemporain gravitant essentiellement autour de la culture juive.

Station Côte-Sainte-Catherine		
	dim au ven	sam
Vers Henri-Bourassa		
Premier départ	5 h 37	5 h 37
Dernier départ	0 h 37	1 h 08
Vers Côte-Vertu		
Premier départ	6 h 01	6 h 01
Dernier départ	1 h 14	1 h 44

PLAMONDON ★★★

Ligne n° 2 (orange)

METRO

Origine du nom : Le 29 mai 1911, le Conseil municipal de Montréal changeait le nom de la 8ᵉ Avenue en celui de rue Plamondon sans toutefois indiquer les raisons de son choix. D'après une recherche effectuée par l'archiviste de la Ville de Montréal, en 1947, le spécifique Plamondon ne réfèrerait pas à un ancien propriétaire foncier de ce secteur. Il rappellerait probablement la mémoire soit du peintre Antoine Plamondon (1804-1895), soit de l'artiste lyrique Rodolphe Plamondon (1875-1940).

Date d'inauguration : 1982

Architecte : Patrice Gauthier

La station Plamondon est située sous la rue Victoria, entre les avenues Van Horne et Plamondon. Elle a été construite en tunnel dans le roc à l'exception de ses accès placés à chacune de ses extrémités. Voulant exprimer cette dualité, l'architecte a choisi deux couleurs prédominantes : le rouge pare la partie sud et le bleu la partie nord. Celles-ci se rencontrent au centre de la station. Tous les planchers sont recouverts de tuiles de céramique blanches et noires agencées selon un patron simple et répétitif. Au niveau des quais, des panneaux bleus ou rouges, incorporant les bancs, ont été conçus comme des objets-sculptures agrémentant les murs de béton. Pour pallier la carence de lumière naturelle, on a installé des murs de blocs de verre qui, éclairés de l'arrière, constituent d'immenses taches de lumière ponctuant le cheminement des usagers dans les extrémités. Bref, malgré l'absence d'oeuvres spectaculaires, l'agencement des matériaux de cette station crée un espace dynamique et moderne où il est agréable de circuler.

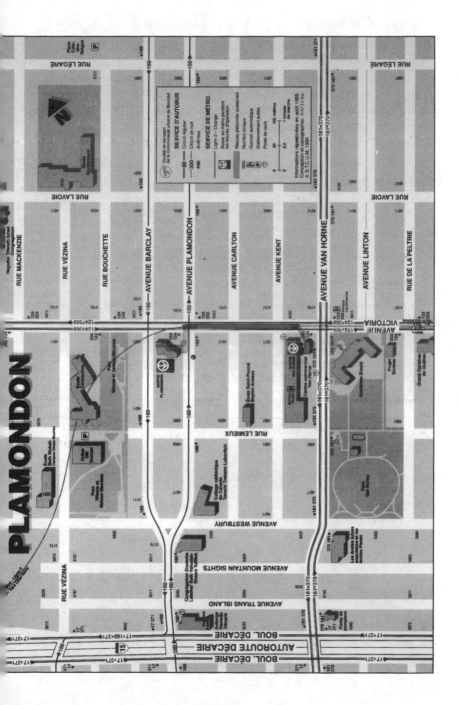

Aux alentours du métro Plamondon

■ Le parc Winnie-et-Nelson-Mandela

Bordé par les rues Westbury, Vézina, Victoria et Barclay, cet espace vert porte le nom des leaders de l'opposition au régime de l'apartheid en Afrique du Sud. Ce secteur de la métropole regroupe une importante communauté noire, ce qui explique qu'on ait donné à ce parc le nom des Mandela, venus au Canada en 1990 dans le cadre d'une visite officielle.

On y retrouve également l'aréna Bill Durnan et l'école Coronation.

Station Plamondon		
	dim au ven	**sam**
Vers Henri-Bourassa		
Premier départ	5 h 36	5 h 36
Dernier départ	0 h 36	1 h 07
Vers Côte-Vertu		
Premier départ	6 h 02	6 h 02
Dernier départ	1 h 15	1 h 47

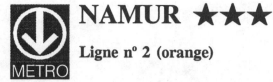

NAMUR ★★★

Ligne n° 2 (orange)

Origine du nom : La rue Arnoldi fut rebaptisée rue Namur en 1980. Le spécifique Namur avait déjà été en usage dans ce secteur. Namur est une ville de Belgique, chef-lieu de la province du même nom.

Date d'inauguration : 1984

Architectes : Labelle, Marchand, Geoffroy

La station Namur longe le boulevard Décarie, entre les rues Jean-Talon et Namur. Spacieuse, mais sobre, cette station ne présenterait qu'un intérêt relatif si ce n'était de sa gigantesque structure spatiale et sculpturale qui ressemble à une formation de molécules se déployant horizontalement entre ciel et terre au centre du grand volume. Les kiosques du concessionnaire et du contrôleur servent d'appui à cette structure qui forme une grille écran au-dessus de ceux-ci tout en servant de support d'éclairage grâce aux fluorescents qu'on y a insérés. Au niveau du sol, la disposition des tuiles du plancher du grand volume reprend graphiquement la géométrie de la structure. Cette oeuvre est une réalisation de Pierre Granche.

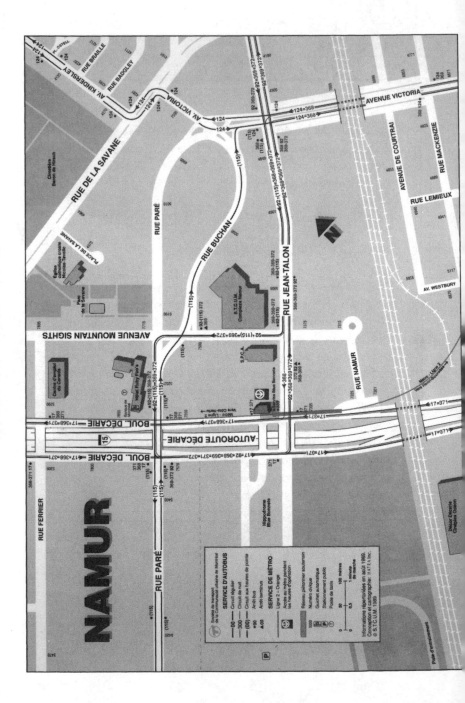

Aux alentours du métro Namur

■ **L'hippodrome Blue Bonnets**
7440, boul. Décarie, ☎ *739-2741*

Cette piste de course de chevaux, aménagée en 1906, est l'hôte de nombreux événements, tels que le Prix d'été, dont la bourse atteint 500 000 $, la Coupe des éleveurs, réservée aux jeunes chevaux, et le Challenge Blue Bonnets.

Sur le site, on retrouve également une salle à dîner avec vue sur la piste ainsi qu'un bar.

Station Namur		
	dim au ven	**sam**
Vers Henri-Bourassa		
Premier départ	5 h 34	5 h 34
Dernier départ	0 h 35	1 h 05
Vers Côte-Vertu		
Premier départ	6 h 04	6 h 04
Dernier départ	1 h 17	1 h 47

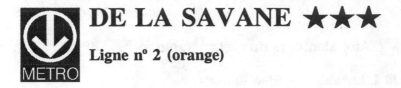

DE LA SAVANE ★★★

Ligne n° 2 (orange)

Origine du nom : La rue de la Savane est un tronçon d'un chemin qui reliait anciennement l'extrémité nord du chemin de la Côte-des-Neiges et l'extrémité sud de la montée de Saint-Laurent. Cette voie portait déjà le nom de Chemin de la Savane sur un plan de 1778. Cette appellation tire sans doute son origine du fait que cette voie traversait une savane.

Date d'inauguration : 1984

Architectes : De Varennes & Mathieu

La station de la Savane se trouve à environ 400 m au sud-est du rond-point Décarie, aux limites des villes de Montréal et de Mont-Royal. Elle se distingue par son aspect futuriste. En effet, ayant quitté les quais et s'approchant du grand volume, le voyageur est d'abord saisi par l'ambiance un peu surréaliste créée par les multiples luminaires en forme de demi-globe qui parsèment les murs d'une manière inattendue. Ces appareils laissent filtrer une lumière blanche qui tourne au gris-vert en se reflétant sur les murs de béton sculpté. Le plafond cathédrale du grand volume accentue l'impression d'étrangeté et encadre magnifiquement une sculpture en acier inoxydable de Maurice Lemieux. S'inspirant du puits de lumière juste au-dessus, l'artiste a imaginé des éléments en forme de calcite qui reflètent les rayons du soleil. La nuit, des sources d'éclairage artificiel, insérées dans le puits de lumière, font vibrer les éléments d'une luminosité qui est d'une couleur différente à toutes les 24 heures.

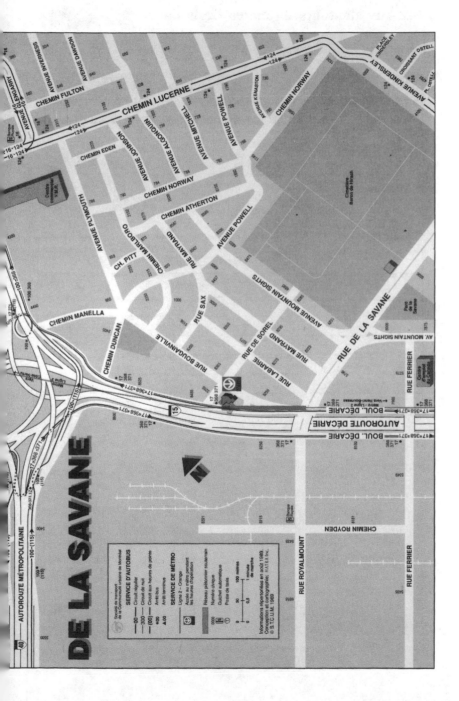

Aux alentours du métro De la Savane

■ L'autoroute Décarie

L'autoroute Décarie, construite au milieu des années soixante, fait le lien entre l'autoroute 15, menant vers le pont Champlain et la rive sud, et l'autoroute 40, qui traverse la ville d'est en ouest.

■ L'autoroute métropolitaine

Il s'agit de l'autoroute 40 qui s'étend jusqu'à Québec vers l'est, et Ottawa vers l'ouest.

Station De la Savane		
	dim au ven	sam
Vers Henri-Bourassa		
Premier départ	5 h 33	5 h 33
Dernier départ	0 h 33	1 h 04
Vers Côte-Vertu		
Premier départ	6 h 05	6 h 05
Dernier départ	1 h 18	1 h 48

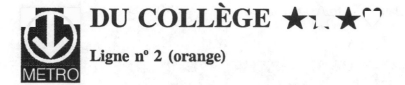

DU COLLÈGE ★ ★

Ligne n° 2 (orange)

Origine du nom : La station de métro et la rue du Collège soulignent toutes deux l'importance du collège de Saint-Laurent dans l'histoire de ce secteur. Les débuts de cette maison d'enseignement datent de 1847. L'institution connut une croissance continue et devint le cégep Saint-Laurent en 1974.

Date d'inauguration : 1984

Architectes : Bonetto et Garand

Située dans la ville de Saint-Laurent, cette station comporte deux édicules : l'un à l'intersection des rues Du Collège et Décarie (accès nord); l'autre au coin des rues Cartier et Décarie. Son architecture à la fois complexe, raffinée et classique en fait un «must» parmi les stations de métro. Son élégance tient en partie à ses matériaux (des blocs de terra-cotta pour les murs, du granit et du dallage en grès de cérame sur les planchers) s'agençant harmonieusement à la colonne classique d'ordre ionique que l'on retrouve dans le grand volume de l'accès nord. Ce dernier dessert les deux cégeps de la ville : Saint-Laurent et Vanier. Au niveau de l'édicule, on peut y admirer deux verrières oeuvres de Lyse Favretti et Pierre Osterrath. À la hauteur de la passerelle, deux autres murales d'Osterrath évoquent la culture et le passé de Saint-Laurent. Deux puits de lumière éclairent ce côté de la station. À l'autre extrémité, l'accès sud dessert la zone industrielle. Une verrière de Lyse Favretti, au centre de l'édicule, rappelle la vocation industrielle de Saint-Laurent. Dans le grand volume, un puits de lumière met en évidence par un jeu d'ombre et de lumière, une murale composée de blocs de terra-cotta qui fait partie intégrante du mur.

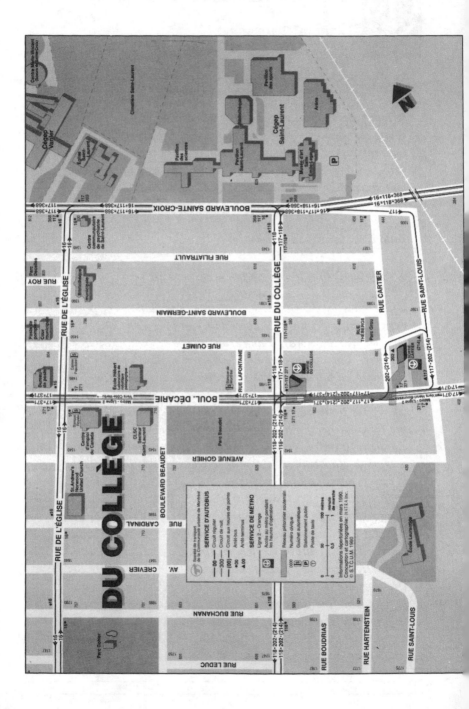

Aux alentours du métro Du Collège

■ **Le cégep Saint-Laurent**
625, rue Sainte-Croix, ☎ *747-6521*

Le pavillon central de ce collège fut construit en 1852, et ses deux tours apparurent en 1893. Fait intéressant, sa chapelle provient de la gare Centrale; elle fut transportée et de toutes pièces remontée ici, en 1929.

■ **Le Musée d'art de Saint-Laurent**
615, rue Sainte-Croix, ☎ *747-7367*

Ce petit musée occupe l'ancienne chapelle néo-gothique du cégep Saint-Laurent. On y expose des objets d'art et des pièces artisanales appartenant au passé du Québec. Ouvert du mardi au vendredi, et le dimanche de 12 h à 17 h; entrée gratuite.

■ **Le cégep Vanier**
821, rue Sainte-Croix, ☎ *744-7500*

Ce collège anglophone, qui compte environ 5 300 étudiants, loge dans un ancien édifice religieux. Sa bibliothèque a été aménagée dans la chapelle. Sur le toit, le petit observatoire astronomique du département de physique permet d'observer le ciel. Les étudiants disposent également d'un complexe sportif moderne.

Station Du Collège		
	dim au ven	sam
Vers Henri-Bourassa		
Premier départ	5 h 31	5 h 31
Dernier départ	0 h 32	1 h 02
Vers Côte-Vertu		
Premier départ	6 h 07	6 h 07
Dernier départ	1 h 20	1 h 50

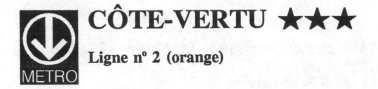

CÔTE-VERTU ★★★

Ligne n° 2 (orange)

Origine du nom : C'est vraisemblablement vers 1700 que fut créée la côte appelée Notre-Dame-de-Vertu, Notre-Dame-de-la-Vertu ou Notre-Dame-des-Vertus. C'est ce dernier nom qui figure sur une carte de 1702 pour identifier ce territoire situé au nord de la côte Notre-Dame-de-Liesse. Comme dans la majorité des autres côtes de l'île de Montréal, le chemin public prit le nom de la côte. Notre-Dame vint à disparaître du nom de plusieurs côtes, dont Notre-Dame-de-Vertu, Notre-Dame-de-Liesse et Notre-Dame-des-Neiges, et le chemin de la Côte-Vertu prit le nom qu'il conserve aujourd'hui.

Date d'inauguration : 1986

Architectes : Jodoin, Lamarre, Pratte & Associés; Cayouette & Saia

Située dans la ville de Saint-Laurent, la station Côte-Vertu est le terminus de la ligne de métro n° 2. Elle comporte deux édicules, au nord et au sud du chemin Côte-Vertu. Possédant l'élégance de la simplicité alliée au bon goût, cette station se caractérise aussi par le traitement de ses espaces intérieurs. Tout le concept architectural, jusqu'à l'agencement des matériaux (de la brique d'argile cuite sur les murs s'appareillant au carrelage composé de granit rose et de grès de cérame), vise à exprimer le mouvement des voyageurs tout en créant des textures variées et agréables à l'oeil. Afin de représenter la fluidité de la circulation, la salle de contrôle et l'espace servant de lien entre les quais et la passerelle ont été conçus en demi-cercle. De chaque côté de cette dernière, une murale en acier inoxydable, cintrée d'une bande jaune, figure les parois du roc mises à nu par une faille. Cette oeuvre est signée Yves Trudeau.

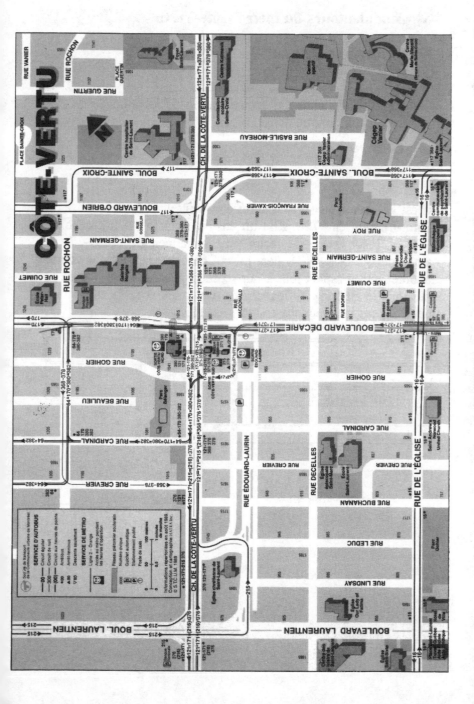

Aux alentours du métro Côte-Vertu

■ **L'église Saint-Marc**
   1650, rue Decelles

Cette église anglicane fut construite en 1954. Elle dessert la population anglophone du quartier.

■ **L'Église chrétienne de Saint-Laurent**
   805, rue Sainte-Croix

C'est grâce à une corvée que fut construite la première église de Saint-Laurent en 1728. Elle fut ensuite réparée (1806), décorée (1812), reconstruite de façon plus monumentale (1835-37) et ainsi de suite jusqu'à nos jours, de sorte qu'elle présente maintenant un aspect tout à fait «contemporain», et ce malgré le fait qu'elle ait traversé les siècles. Les tours et la façade datent de 1884 et l'intérieur fut restauré en 1894.

Station Côte-Vertu		
	dim au ven	sam
Vers Henri-Bourassa		
Premier départ	5 h 30	5 h 30
Dernier départ	0 h 30	1 h 01

SAINT-MICHEL ★★★

Ligne n° 5 (bleue)

Origine du nom : Connue depuis 1969 sous le nom de Boulevard Saint-Michel, cette voie a une origine ancienne. Jadis appelée Montée Saint-Michel, Chemin de Saint-Michel ou Chemin du Sault, elle constituait le principal axe nord-sud de ce secteur.

Date d'inauguration : 1986

Architectes : Lemoyne et associés

Localisée au coeur du quartier résidentiel Saint-Michel, cette station comporte deux édicules implantés de part et d'autre du boulevard Saint-Michel, à l'angle de la rue Shaughnessy. La station, construite en sous-sol, présente le profil usuel voûté avec en son centre un grand volume de forme cubique qui regroupe les escaliers menant à la salle de contrôle. D'une très grande simplicité, ce concept architectural vise à créer une continuité sécurisante entre le sol et le sous-sol, en assurant l'unité de l'espace, de la lumière, de la structure et des matériaux. Les rapports de formes et de textures entre les mêmes matériaux sont ainsi repris à tous les niveaux, du trottoir jusqu'aux quais. Les murs sont agrémentés de détails décoratifs intéressants constitués de blocs de verre transparent. Ceux-ci, combinés à la maçonnerie de même format, sont utilisés pour créer des jeux de lumière aux édicules et des surfaces transparentes et lumineuses aux différents paliers. On les retrouve également au niveau des quais où de grandes murales peintes sont regardées à travers un mur de blocs de verre déformant composé de huit fenêtres. Ces oeuvres sont signées par une équipe de quatre artistes : Marcelin Cardinal, Lauréat Marois, Normand Moffat et Charles Lemay.

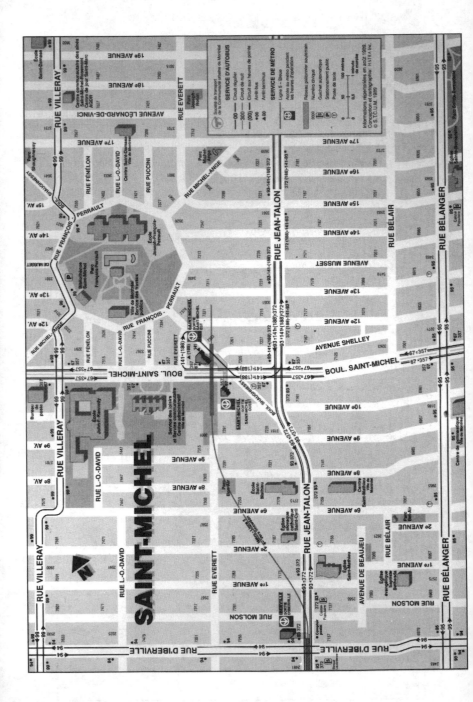

Aux alentours du métro Saint-Michel

■ Le parc François-Perreault

Jadis au centre de ville de Saint-Michel, ce parc circulaire vers quoi toutes les rues convergent entre Crémazie et Jean-Talon, est entouré des anciens édifices municipaux de ce quartier aujourd'hui annexé à Montréal.

Station Saint-Michel	
	Tous les jours
Vers Snowdon	
Premier départ	5 h 30
Dernier départ	23 h 10

D'IBERVILLE

Ligne n° 5 (bleue)

METRO

Origine du nom : La voie qui a donné son nom à cette station a été ouverte, dans sa portion sud, vers 1875 et on lui a attribué le nom de Pierre Le Moyne d'Iberville (1661-1706), navigateur et explorateur. Iberville était le nom du fief que possédait la famille de son père, Charles Le Moyne de Longueuil et de Châteauguay, près de Dieppe en Normandie.

Date d'inauguration : 1986

Architectes : Brassard et Warren

Cette station, construite en tunnel, possède un accès à chacune de ses extrémités, soit au coin sud-ouest de Jean-Talon et Louis-Hébert et au coin nord-est de Jean-Talon et Iberville. Son style est simple et dépouillé. De l'édicule sud, un escalier mène au grand volume où l'on retrouve la mezzanine qui s'ouvre sur les quais. Face à celle-ci, du côté ouest, une jolie murale d'Eddy Tardif rappelle la mémoire du sieur Pierre Le Moyne d'Iberville, navigateur et explorateur. Elle illustre de façon abstraite son bateau «Le Pélican» par un haut-relief à même le revêtement d'aluminium anodisé. De l'édicule nord, des escaliers permettent également d'accéder à la mezzanine puis aux quais. Les murs intérieurs sont tapissés de briques et agrémentés, au niveau des quais, de lattes en aluminium coulé. Les planchers sont fabriqués de granit et de tuiles de céramique d'un brun assorti à la couleur des murs.

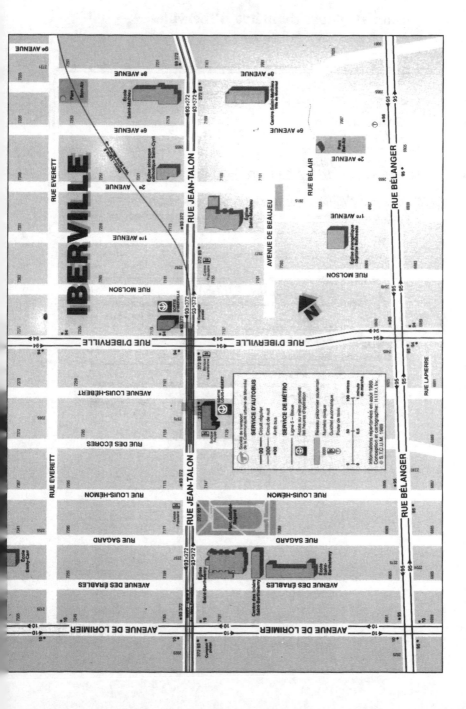

Aux alentours du métro d'Iberville

Pause-bouffe

Gelateria Roberto
2221, rue Bélanger Est, ☎ *374-9844*

lun   fermé
mar au dim 16 h à 23 h 30

Décor à l'italienne et merveilleuses glaces.

Station d'Iberville	
	Tous les jours
Vers Snowdon	
Premier départ	5 h 31
Dernier départ	23 h 11
Vers Saint-Michel	
Premier départ	5 h 43
Dernier départ	23 h 13

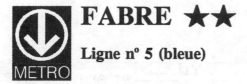

FABRE ★★

Ligne n° 5 (bleue)

Origine du nom : La rue Fabre a été ainsi nommée en 1899 à la mémoire de Mgr Édouard-Charles Fabre (1827-1896), fils d'Édouard-Raymond Fabre, maire de Montréal de 1849 à 1851. Troisième évêque (1876) et premier archevêque (1886) de Montréal, Mgr Fabre était le frère de Sir Hector, avocat et journaliste, et de Hortense, l'épouse de Sir Georges-Étienne Cartier.

Date d'inauguration : 1986

Architectes : Bédard et Averna

La station Fabre est située sous la rue Jean-Talon, entre les rues Fabre et Papineau. Construite en tunnel dans le roc, elle présente deux accès, exécutés à ciel ouvert. Ici, le concept d'aménagement vise l'intégration de l'art à l'architecture. Aussi cette station est le résultat d'une collaboration étroite entre l'artiste Jean-Noël Poliquin et les architectes. Les murs intérieurs ont été fabriqués de panneaux en béton aux motifs suggérant un mouvement qui s'intensifie vers les sorties, facilitant par le fait même l'orientation des voyageurs. De plus, la distinction des deux sorties est accentuée par les gammes de couleurs utilisées (bleu-rose et bleu-vert) qui créent de surcroît une atmosphère dynamique. Un élément tubulaire en acier inoxydable chemine à travers les espaces publics à partir de l'édicule jusque sur les quais. Bien que faisant partie du concept artistique, ses fonctions sont multiples : support de siège ou de panneaux de signalisation, appuie-bras, main courante, etc. Quant aux planchers, ils sont revêtus de carreaux de grès de cérame d'un gris très pâle.

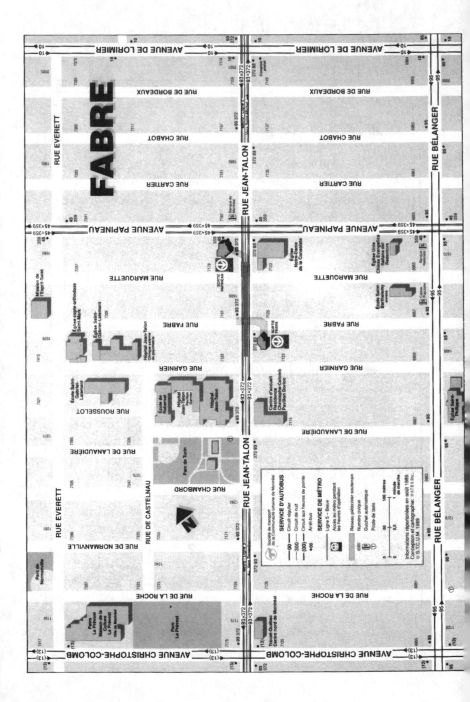

Aux alentours du métro Fabre

■ **Le Patro le Prévot**
   7355, av. Christophe-Colomb, ☎ *872-1523*

Ce centre d'activités fait partie des établissements de la Ville voués aux sports et aux loisirs, et met à la disposition du public une piscine intérieure, une bibliothèque et une salle de spectacles.

Station Fabre	
	Tous les jours
Vers Snowdon	
Premier départ	5 h 32
Dernier départ	23 h 12
Vers Saint-Michel	
Premier départ	5 h 42
Dernier départ	23 h 12

La station suivante est Jean-Talon (voir détails p 143)

METRO

DE CASTELNAU ★★★

Ligne n° 5 (bleue)

Origine du nom : La rue de Castelnau reçut son nom actuel le 17 décembre 1914. Édouard de Cunières de Castelnau (1851-1944), général français, avait défendu avec succès la ville de Nancy contre l'armée allemande en août 1914.

Date d'inauguration : 1986

Architectes : Goyette, Collette, Hamelin et Lalonde

La station De Castelnau comporte deux édicules situés, l'un au coin sud-ouest de l'intersection De Castelnau et Saint-Laurent et l'autre au coin nord-est de cette même intersection. Afin d'identifier la station au milieu, les architectes ont voulu célébrer la population italienne du quartier et se sont inspirés des grandes villes millénaires italiennes dans le choix des matériaux et des couleurs. Ainsi, de la brique de couleur ocre revêt la plupart des murs intérieurs. Celle-ci s'harmonise au travertin qui, en panneaux de dimensions et de configurations variables, est utilisé comme parement mural des quais et de l'un des murs de l'édicule sud-ouest. Sur ces murs de travertin, des graphismes légèrement humoristiques de Jean-Charles Charuest rappellent des scènes du marché Jean-Talon.

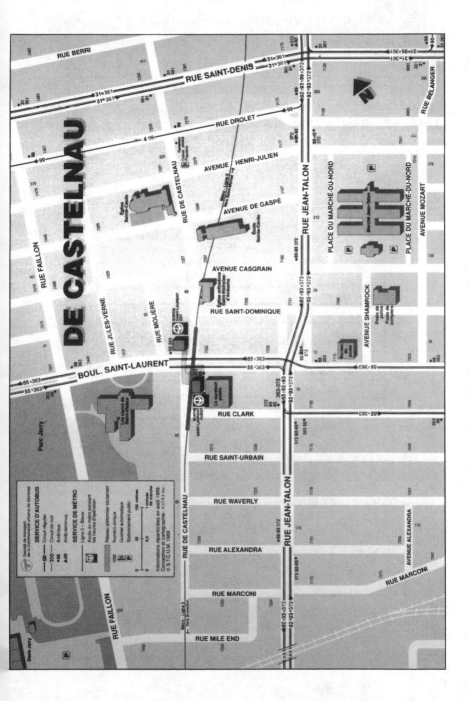

Aux alentours du métro De Castelnau

■ La petite Italie

À cette hauteur, le boulevard Saint-Laurent est le coeur de la petite Italie. Cafés et restaurants, surtout fréquentés par les natifs de la péninsule et leurs descendants, contribuent ici avec force au cachet cosmopolite de Montréal.

■ Le parc Jarry (voir p 141)

■ Le marché Jean-Talon (voir p145)

Station De Castelnau	
	Tous les jours
Vers Snowdon	
Premier départ	5 h 35
Dernier départ	23 h 15
Vers Saint-Michel	
Premier départ	5 h 39
Dernier départ	23 h 09

PARC ★★

Ligne n° 5 (bleue)

Origine du nom : L'avenue du Parc tire son nom du fait qu'elle longe en partie le parc du Mont-Royal, entre l'avenue des Pins et l'avenue du Mont-Royal.

Date d'inauguration : 1988

Architectes : Blouin, Blouin et associés

Cette station, située sous la rue Ogilvie, est délimitée à l'ouest par la rue Durocher et à l'est par les voies du Canadien Pacifique. Son édicule a d'ailleurs été aménagé dans une section d'un bâtiment faisant autrefois partie de la gare Jean-Talon. Les architectes ont ainsi dû composer avec une architecture ferroviaire monumentale des années vingt, ce qui transparaît dans le choix des matériaux employés (murs de travertin, sol de terrazzo à motifs, plafonds moulurés, grillages décoratifs et suspensions d'éclairage en cuivre jaune). Mais l'originalité de cette station tient à son concept architectural qui, en intégrant l'apport artistique, veut illustrer le concept même de transport par métro, à savoir la perception du mouvement omniprésent tout au long du cheminement des voyageurs. Pour ce faire, l'architecte a imaginé une frise murale polychrome, qui se répand sur tous les murs de la partie souterraine, et qui consiste en éléments modulaires préfabriqués de béton recouvert de céramique glacée. La face apparente de cette frise est plissée régulièrement, ce qui donne à tout observateur trois surfaces possibles d'observation. Un autre élément intéressant de la station est un puits de lumière de forme triangulaire dont le recouvrement intérieur réfléchissant produit un effet kaléidoscopique. Il est situé dans le grand volume juste à la base de l'escalier qui mène à l'édicule.

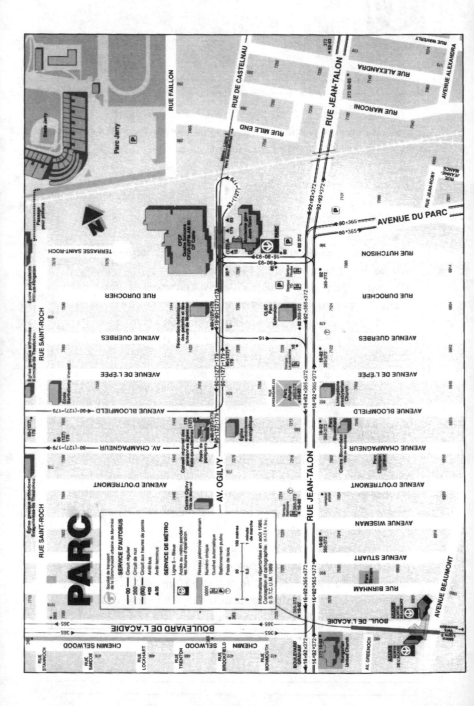

Aux alentours du métro Parc

■ **L'ancienne gare Jean-Talon**
Angle Hutchison et Ogilvy

Grand bâtiment construit dans les années trente, cette gare desservait Outremont, Ville Mont-Royal et le nord de la ville.

Station Parc	
	Tous les jours
Vers Snowdon	
Premier départ	5 h 36
Dernier départ	23 h 16
Vers Saint-Michel	
Premier départ	5 h 38
Dernier départ	23 h 08

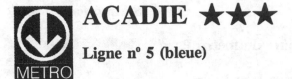

ACADIE ★★★

Ligne n° 5 (bleue)

Origine du nom : À la suite des manifestations qui s'étaient déroulées en 1955 à l'occasion du deuxième centenaire de la déportation des Acadiens, le Conseil municipal de Montréal prit la décision, le 1ᵉʳ mars 1956, de changer le nom d'avenue McEachran en celui de Boulevard de l'Acadie. Les Acadiens ayant refusé de prêter un serment d'allégeance à l'Angleterre furent déportés dans d'autres colonies britanniques en 1755.

Date d'inauguration : 1988

Architectes : Mercier, Boyer-Mercier et Poirier

La station Acadie est située au coin du boulevard de l'Acadie et de l'avenue Beaumont, aux limites de Ville Mont-Royal. S'étageant sur quatre niveaux : les quais, la mezzanine, le palier et les deux édicules; c'est une station résolument moderne, à l'architecture stylisée. Elle est essentiellement constituée de surfaces de béton d'un gris plutôt neutre, mais qu'animent à certains endroits des parements de granit et de calcaire noir, ainsi que des panneaux de porcelaine émaillée de couleurs vives (rouge, bleu et blanc). Les oeuvres de trois artistes (Jean Mercier, Michel Morelli et Pierre-Marc Pelletier) rehaussent l'esthétique de la station. La première oeuvre concerne les bancs des quais et des édicules qui témoignent des courants contemporains du design. La deuxième est une horloge sculpturale avec bancs d'attente intégrés. Par ses matériaux, elle rappelle le style Art déco des années vingt. La troisième s'apparente à la photographie. Sur certains murs de la station, des personnages sans poids apparent flottent sur des surfaces de porcelaine blanche. L'auteur de ces murales a voulu souligner le contraste entre la fluidité de l'air libre et la rigueur de l'espace souterrain.

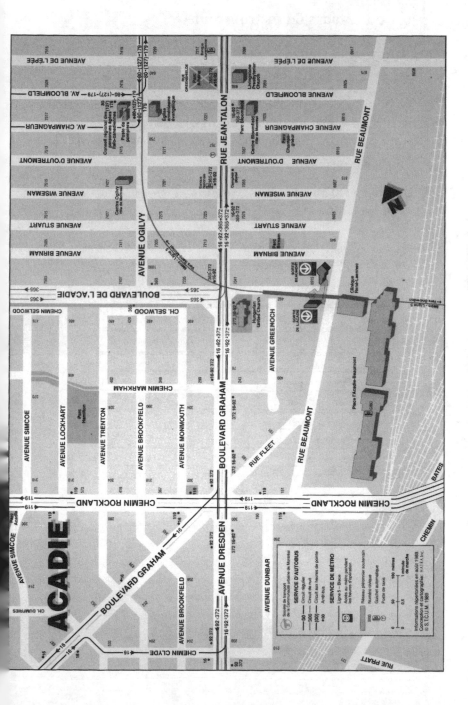

Aux alentours du métro Acadie

■ **L'Hungarian United Church**
   50, rue Graham, ☎ *731-5732*

Cette église fut construite en 1954 grâce au soutien financier de la population hongroise de la métropole, et son architecture intérieure ressemble à un bateau inversé faisant penser à l'arche de Noé.

■ **L'Église arménienne évangélique**
   615, rue Stuart, ☎ *276-9479*

Cette ancienne église anglicane en pierre de style colossal est fréquentée depuis une vingtaine d'années par la communauté arménienne.

Station Acadie	
	Tous les jours
Vers Snowdon	
Premier départ	5 h 37
Dernier départ	23 h 17
Vers Saint-Michel	
Premier départ	5 h 37
Dernier départ	23 h 07

METRO

OUTREMONT ★★★♥

Ligne n° 5 (bleue)

Origine du nom : En 1833, Louis-Tancrède Bouthilier acquit une terre à la côte Sainte-Catherine où il fit ériger une vaste maison de brique qui subsiste toujours. Par rapport à la ville de l'époque, la propriété de Bouthilier se trouvait situé sur l'autre versant de la montagne et on en vint à la désigner «Outre-Mont». C'est ce nom qu'on a choisi en 1875 lors de l'incorporation du Village d'Outremont.

Date d'inauguration : 1988

Architectes : Dupuis, Chapuis et Dubuc

Située à l'intersection des avenues Van Horne et Wiseman, la station Outremont est sans contredit la plus spectaculaire et la plus classique des stations de métro à Montréal. En effet, dans aucune autre station a-t-on réussi à intégrer l'art à l'architecture avec un tel raffinement. Les concepteurs de cette station ont néanmoins privilégié l'orientation facile des voyageurs, la fluidité de la circulation et l'apport maximum de lumière jusqu'au niveau des quais. Ainsi, par une répétition de formes géométriques simples, un lien s'établit de l'édicule jusqu'aux quais par l'immense puits de lumière, constitué en grande partie de blocs de verre, dont la clarté accompagne le voyageur durant tout son cheminement. Tous les murs de la station sont revêtus d'un parement de blocs d'argile de couleur chaude et de même dimension que les blocs de verre. Les sols quant à eux sont recouverts de dalles de granit rose. Sur le mur nord de la mezzanine, Gilbert Poissant a réalisé une imposante murale constituée de modules de grès vitrifié de couleurs pastel, de diverses dimensions, qui rappelle les éléments les plus représentatifs de l'architecture résidentielle outremontaise.

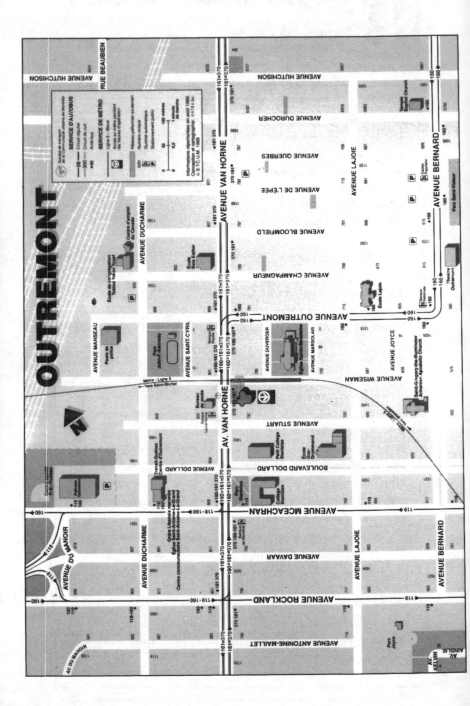

Aux alentours du métro Outremont

■ Le collège et le parc Stanislas

Le parc est situé sur la rue Van Horne, entre la rue McEachren et le boul. Dollard. Il s'agit d'un tout petit espace vert parsemé de quelques bancs. Il est souvent envahi par des étudiants bruyants venus y passer leur récréation. En effet, le parc est adjacent au collège Stanislas auquel il doit son nom.

Ce collège est une des rares écoles du Québec à donner un enseignement basé sur les programmes scolaires issus du gouvernement français. Il fut créé dès la fin des années trente et offrait alors un enseignement destiné aux garçons seulement. Cette situation changea en 1971, et il devint un collège mixte proposant des cours de niveau primaire, secondaire et collégial.

Le collège est constitué de deux bâtiments qui se font face. Le premier dispense les cours de niveau secondaire et collégial. On remarque à son extrémité une section de pierre qui est en fait la partie la plus ancienne et la plus belle. Elle fut agrandie au fil des ans. Le second bâtiment est d'aspect plus moderne et manque malheureusement de charme.

■ Le cinéma Outremont
1248, rue Bernard

Construit au début du siècle selon les plans d'Emmanuel Briffa, le cinéma Outremont est une salle d'une grande beauté vouée au cinéma de répertoire.

L'immeuble Art déco de la rue Bernard avait pour vocation première le théâtre durant les Années folles. On le convertit ensuite en cinéma de répertoire à la fin des années soixante, jusqu'en avril 1987, date à laquelle le propriétaire décida de vendre après avoir essuyé de lourdes pertes. Il fut même menacé par le pic démolisseur, alors qu'en période d'élection municipale, les propositions et projets les plus variés fusaient de toutes parts, dont celui d'en faire une bibliothèque.

Quoi qu'il en soit, l'Outremont a rouvert bien grandes ses portes en novembre 1991, grâce à l'initiative du propriétaire du Rialto, Don Lobel, qui entendait bien exploiter la salle, pour deux ans à tout le moins. Malheureusement, le théâtre ferma à nouveau ses portes au début de 1992.

Pause-bouffe

Le Bilboquet
1311, rue Bernard Ouest, ☎ *276-0414*

lun au dim   7 h 30 à 12 h

Le rendez-vous du tout Outremont, surtout l'été, pour ses glaces extraordinaires.

Station Outremont	
	Tous les jours
Vers Snowdon	
Premier départ	5 h 39
Dernier départ	23 h 19
Vers Saint-Michel	
Premier départ	5 h 35
Dernier départ	23 h 05

ÉDOUARD-MONTPETIT ★★♥ ♥

METRO Ligne n° 5 (bleue)

Origine du nom : Édouard Montpetit (1881-1954), un avocat diplômé en sciences politiques et en sciences sociales, fonda l'école des sciences sociales en 1920 et en assuma la direction. Durant sa longue carrière, il occupa également plusieurs fonctions à l'université de Montréal dont celles de secrétaire général, doyen de la faculté des Sciences sociales, membre du Sénat académique et membre de la Commission d'administration. Par ailleurs, il enseigna à l'École des hautes études commerciales, de 1910 à 1954.

Date d'inauguration : 1988

Architecte : Patrice Gauthier

C'est à l'intersection du boulevard Édouard-Montpetit et de l'avenue Vincent-d'Indy qu'est localisée la station Édouard-Montpetit. Celle-ci dessert, avec la station Université-de-Montréal, la clientèle étudiante fréquentant cette institution. Elle comporte trois édicules, dont un au sud qui permet un accès direct au Stade d'hiver ainsi qu'une liaison avec le centre sportif de l'université, le CEPSUM. Pour pallier aux contraintes imposant un ensemble architectural hétéroclite, l'architecte a choisi une polychromie de tons de roses que l'on retrouve partout dans l'aménagement de la station, des planchers aux murs. Ce choix se veut aussi une allusion au monde des émotions et de la musique. En effet, le rose a toujours été associé au rêve, à la féerie, à la tendresse comme à la passion : des émotions auxquelles s'adresse la musique. Il en résulte une ambiance tout en douceur, presque irréelle, qui repose de l'agitation de l'extérieur.

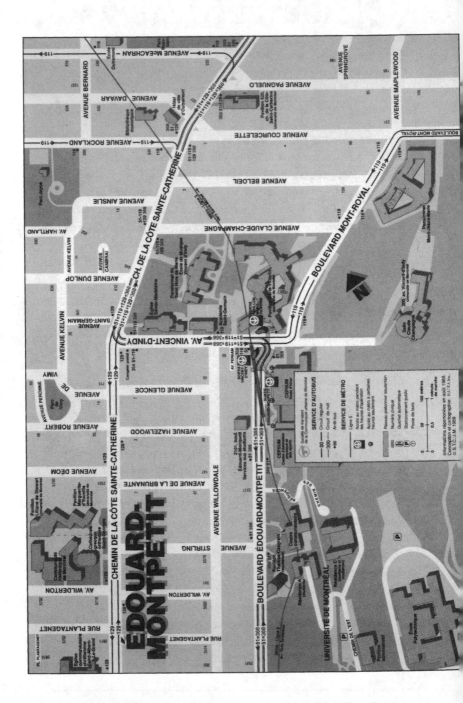

Aux alentours du métro Édouard-Montpetit

■ Le CEPSUM
Angle Édouard-Montpetit et Vincent-D'Indy

Un des plus grands centres sportifs de la métropole, le CEPSUM fait partie de l'université de Montréal et offre à ceux qui le fréquentent la possibilité de pratiquer une pléiade de sports intérieurs, comme la course, le badminton, le saut et le volley-ball, et dispose en plus de saunas et de baignoires à remous (bains tourbillons).

■ La salle Claude-Champagne
220, Vincent-d'Indy, ☎ 343-6000

Lieu de nombreux concerts, de récitals classiques et contemporains et de spectacles ethniques, la salle Claude-Champagne peut contenir jusqu'à 1 000 personnes assises et fut construite en 1958 par les architectes Racicot et Lafleur. Claude Champagne (1891-1965) était un musicien et compositeur montréalais.

■ L'église Sainte-Madeleine
725, rue Outremont

On vit apparaître le clocher de cette église dans le ciel d'Outremont en 1925. Les cloches furent fabriquées en France par la maison Bollée, en 1929.

Station Édouard-Montpetit	
	Tous les jours
Vers Snowdon	
Premier départ	5 h 41
Dernier départ	23 h 21
Vers Saint-Michel	
Premier départ	5 h 34
Dernier départ	23 h 04

UNIVERSITÉ DE MONTRÉAL ★♥

METRO Ligne n° 5 (bleue)

Origine du nom : Dès 1876 on annonça la création à Montréal d'une succursale de l'université Laval de Québec. Mais la Loi constituant en Corporation l'université de Montréal ne fut finalement sanctionnée que le 14 février 1920. On réclamait depuis si longtemps une université autonome à Montréal que le nom d'université de Montréal s'imposa de lui-même sans soulever de protestation. Quinze ans après le début des travaux, l'université de Montréal inaugura officiellement son nouveau campus sur la montagne, le 3 juin 1943.

Date d'inauguration : 1988

Architecte : André Léonard

Cette station est construite sur le campus de l'université de Montréal, en bordure du boulevard Édouard-Montpetit et à l'entrée du tapis roulant qui mène à la cour d'honneur de l'université. Fait intéressant, l'accès principal a été conçu avec une structure de béton presque entièrement recouverte par le sol environnant et il est aménagé dans la pente naturelle du terrain dans le but de se fondre avec le paysage. Une longue passerelle, surplombant les quais dans la partie ouest de la station, permet une perspective intéressante des deux murales fabriquées avec de l'argile par l'architecte. La plus grande est située directement sous un puits de lumière, au centre de la station; tandis que la seconde, plus petite, orne l'extrémité ouest de la passerelle. Si la station en elle-même ne constitue pas un «must» parmi les stations de métro, le site de son emplacement vaut tout de même le déplacement.

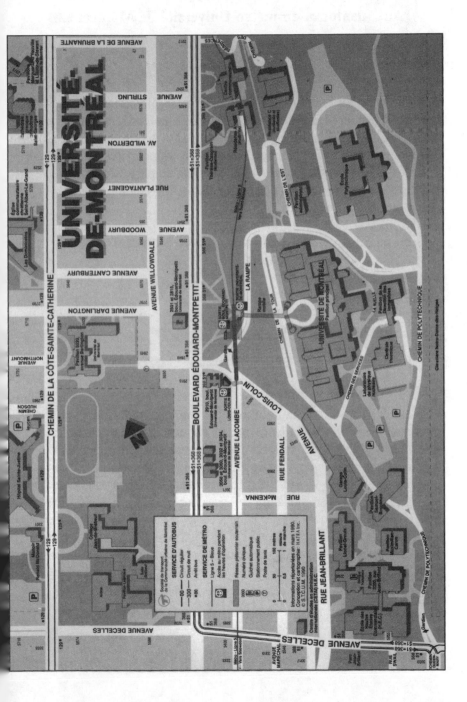

Aux alentours du métro Université de Montréal

■ **L'université de Montréal**
   2900, boul. Édouard-Montpetit, ☎ *343-6111*

Érigée selon les plans Art déco du célèbre architecte montréalais
Ernest Cormier, l'université fut inaugurée en 1943, quoique sa
construction ait commencé dans les années vingt. Deuxième plus
grande université de langue française au monde, avec plus de
58 000 étudiants, on y retrouve 13 facultés en plus de l'école des
Hautes Études Commerciales et de l'école Polytechnique, qui lui
sont toutes deux affiliées.

■ **Le pavillon central de l'université de Montréal**
   2900, boul. Édouard Montpetit, ☎ *343-6111*

Sous la tour dominant le campus, le hall d'honneur et
l'amphithéâtre central constituent deux joyaux de l'architecture
Art déco qui valent un détour.

■ **Le collège Jean-de-Brébeuf**
   3200, chemin de la Côte Sainte-Catherine, ☎ *342-1320*

Ce collège privé et mixte fut fondé par les pères de la compagnie
de Jésus en 1929. On y dispense un enseignement collégial
destiné aux étudiants qui se dirigent vers des études univer-
sitaires. Accrédité par l'Office du baccalauréat international en
1982, ce collège devint le premier au Québec à offrir un
programme complet menant à ce baccalauréat. Depuis 1986, une
corporation laïque s'est engagée à poursuivre l'oeuvre
d'instruction et d'éducation du collège aux niveaux secondaire et
collégial, dans un esprit de qualité et de rigueur, selon la
tradition jésuite et dans le contexte d'une institution catholique
privée.

■ **L'école des Hautes Études Commerciales (HEC)**
5255, rue Decelles, ☎ *340-6151*

Affiliée à l'université de Montréal, l'école des Hautes Études Commerciales a acquis au fil des ans une réputation fort enviable.

L'édifice fut construit en 1970. Il est revêtu de béton préfabriqué.

■ **La Cathédrale grecque orthodoxe Saint-George**
2455, chemin de la Côte Sainte-Catherine

Construite en 1962, cette cathédrale au dôme remarquable se démarque par son architecture moderne inspirée des formes byzantines traditionnelles.

Station Université de Montréal	
	Tous les jours
Vers Snowdon	
Premier départ	5 h 42
Dernier départ	23 h 22
Vers Saint-Michel	
Premier départ	5 h 32
Dernier départ	23 h 02

CÔTE-DES-NEIGES ★♥ ♥ ♥

Ligne n° 5 (bleue)

Origine du nom : La côte Notre-Dame-des-Neiges se développa dès le XVIIᵉ siècle puisqu'une carte de 1702 indique qu'une trentaine de concessionnaires y ont déjà reçu des terres. Le village de Côte-des-Neiges, créé en 1862, fut scindé en deux municipalités en 1889. La Ville de Montréal les annexa en 1908 et 1910. Le chemin principal de l'ancienne côte conserve le nom de Chemin de la Côte-des-Neiges.

Date d'inauguration : 1988

Architectes : Tétreault, Parent, Languedoc et Associés

La station Côte-des-Neiges, située au coin de l'avenue Lacombe et du chemin de la Côte-des-Neiges, possède deux accès. Cette station a été entièrement creusée dans le roc, ce qui explique sa forme cylindrique avec voûte assez basse. Tous les murs intérieurs et les planchers sont recouverts de granit gris-rose. Pour briser la grisaille engendrée par les matériaux, deux verrières de Claude Bettinger s'élancent telles des gerbes de lumière intégrées au parement de granit. La première se déploie sur le mur nord de la passerelle alors que la deuxième se trouve dans l'édicule principal. Bernard Chaudron a pour sa part réalisé une oeuvre d'art constituée d'éléments imbriqués d'aluminium et de bronze qui réfléchissent la lumière. Cette oeuvre est installée sur le mur sud du palier de l'accès secondaire, au sous-sol d'une succursale de la Banque Nationale.

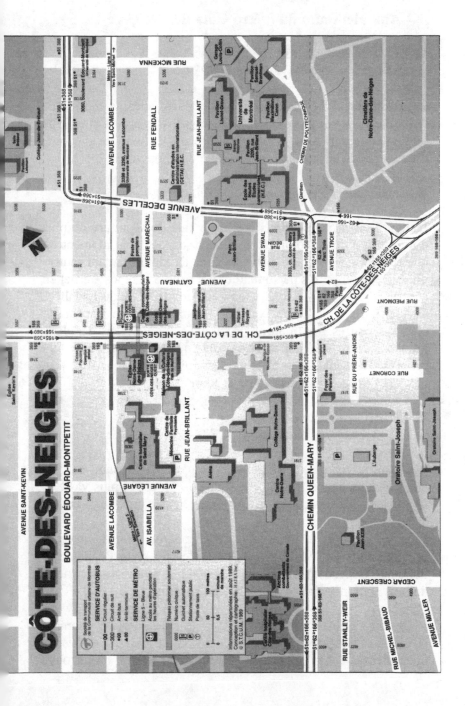

Aux alentours du métro Côte-des-Neiges

■ La Maison de la culture Côte-des-Neiges
5290, Côte-des-Neiges, ☎ *872-6889*

Construite en 1984 par la firme Jodoin et associés, la Maison de la culture du quartier Côte-des-Neiges dispose d'une jolie bibliothèque sur deux étages, baignée par la lumière du jour, d'une salle de spectacle et d'une salle d'exposition.

■ Le cimetière Notre-Dame-des-Neiges

Inauguré en 1855, ce cimetière fut le lieu de sépulture de plus d'un million de catholiques. Il connut son essor au moment où une épidémie rendit inutilisable un cimetière important du centre-ville. De nombreuses personnalités ont trouvé le repos éternel en ces lieux : John Molson, Camilien Houde, Calixa Lavallée, Olivier Guimond, Émile Nelligan, George-Étienne Cartier, et plusieurs autres. L'Union des Artistes et les vétérans des deux grandes guerres mondiales y possèdent des terrains qui leur sont propres. La semaine, le cimetière est ouvert de 7 h à 19 h, et il ouvre à 8 h les fins de semaine et jours fériés.

■ L'Oratoire Saint-Joseph
3800, chemin Queen Mary, ☎ *733-8211*

Recevant la visite de deux millions de pèlerins de toutes confessions chaque année, l'Oratoire Saint-Joseph est le plus vaste et le plus célèbre sanctuaire dédié à Saint Joseph dans le monde.

La basilique, dont le dôme est le deuxième plus grand au monde, fut construite en 1924 suivant les règles du style Renaissance italienne. Cependant, en 1904 s'élevait déjà une modeste chapelle de bois, faisant aujourd'hui partie du sanctuaire.

L'Oratoire Saint-Joseph est l'idée du Frère André, humble portier du collège Notre-Dame, à qui l'on attribue des guérisons miraculeuses et qui fut béatifié en 1982. Sur le site, on retrouve également un imposant chemin de croix extérieur, un carillon (originellement destiné à la Tour Eiffel mais qui ne fut pas installé en raison de difficultés techniques), le tombeau du Frère André, un monument de ce dernier et un autre en l'honneur de Saint-Joseph, réalisé par Alfred Laliberté, ainsi qu'un observatoire. Situé à 263 m au-dessus du niveau de la mer, l'Oratoire est le point le plus élevé de Montréal.

Un musée situé à l'intérieur de la basilique présente, par le biais d'une exposition permanente, une collection d'art religieux, des peintures, sculptures, bronzes, vitraux, mosaïques et gravures. En plus des nombreux offices religieux de l'Oratoire, de fréquents concerts et récitals y sont présentés. Ainsi peut-on y entendre des concerts d'orgue et de carillon, ou encore les Petits Chanteurs du Mont-Royal.

Pause-bouffe

Le Commensal
5122, chemin de la Côte-des-Neiges, ☎ *733-9755*

lun au sam   11 h à 24 h
dim   9 h à 23 h

Une saine visite de Montréal passe par un arrêt santé au Commensal. Grand choix de plats, tous vendus au poids. La présentation de type «buffet» permet d'essayer un peu de tout.

Station Côte-des-Neiges	
	Tous les jours
Vers Snowdon	
Premier départ	5 h 43
Dernier départ	23 h 23
Vers Saint-Michel	
Premier départ	5 h 31
Dernier départ	23 h 01

La station suivante est Snowdon (voir détails p 224)

LEXIQUE

Construit en tranchée (ou à ciel ouvert) : Réalisé à partir du niveau du sol.

Construit en tunnel : Réalisé en sous-sol, par forage.

Édicule : Petit édifice servant d'accès au métro.

Grand volume : Espace intérieur, d'une certaine hauteur, dans la partie construite en tranchée d'une station.

Mezzanine : Étage de la perception dans les stations (généralement au-dessus des quais).

Mur tympan : Mur en bout de quai.

Passerelle : Passage surélevé, au-dessus des voies, reliant les quais d'une station.

Quai : Plate-forme au niveau du plancher des trains, qui s'étend le long des voies afin de permettre l'embarquement et le débarquement des voyageurs.

Salle de contrôle : Endroit où les gens paient leur droit de passage.

Station : Lieu où s'arrête les trains pour laisser ou prendre des voyageurs.

Volume : Espace intérieur.

Voûte : Plafond du tunnel ou plafond présentant une courbure analogue.

LES ARCHITECTES ET LES ARTISTES DES STATIONS

Chacune des stations du métro de Montréal est unique de par son architecture et les oeuvres d'art qu'on y trouve. Le tableau qui suit présente les architectes et les artistes qui ont uni leurs efforts dans la conception des 65 stations du métro de Montréal.

Les architectes et les artistes des stations

Stations	Date Inauguration	Architectes	Artistes	Pages
Acadie	1988	Mercier, Boyer, Mercier, Poirier	Pierre-Marc Plustier, Jean Mercier et Michel Morelli	p 260
Angrignon	1978	Yves Bernard, Jean-L. Beaulieu	Jean-Paul Mousseau	p 125
Atwater	1966	David, Boulva, Cleve		p 103
Beaubien	1966	Roger Dastous		p 146
Beaudry	1966	A. Niklewicz		p 65
Berri-UQAM	1966	Longpré et Marchand	P. Gaboriau, Pierre Osterrath, Robert LaPalme et Longpré et Marchand	p 10
Bonaventure	1966	Victor Prus		p 194
Cadillac	1976	Longpré, Marchand Goudreau et Stewart	Jean Cartier	p 36
Champ-de-Mars	1966	A. Niklewicz	Marcelle Ferron	p 167
Charlevoix	1978	Ayotte et Bergeron	M. Merola et Pierre Osterrath	p 108
Côte-des-Neiges	1988	Tétreault, Parents, Languedoc	Bernard Chaudron et Claude Bettinger	p 274
Côte-Sainte-Catherine	1982	Gilbert Sauvé	Gilbert Sauvé	p 227
Côte-Vertu	1986	Jodoin, Lamarre, Pratte Cayouette et Saia	Yves Trudeau	p 242
Crémazie	1966	A. Niklewicz	G. Lauda et P. Pannier	p 135
D'Iberville	1986	Brassard et Warren	Eddy Tardif	p 248
De Castelnau	1986	Goyette, Collette, Hamelin, Lalonde	Jean-Charles Charuest	p 254
De l'Église	1978	Lemay, Leclerc	Claude Théberge	p 114
De la Savane	1984	De Varennes et Mathieu	Maurice Lemieux	p 236
Du Collège	1984	Bonetto et Garand	Gilles Bonetto, Pierre Osterrath et Lyse Favretti	p 239
Édouard-Montpetit	1988	Patrice Gauthier	Patrice Gauthier	p 267
Fabre	1986	Bédard, Averna	Jean-Noël Poliquin	p 251
Frontenac	1966	Robillard, Jetté	Beaudoin	p 57

Stations	Date Inauguration	Architectes	Artistes	Pages
Georges-Vanier	1980	Pierre-W. Major	Michel Dernuet	p 206
Guy-Concordia	1966	J.A. Chicoine		p 96
Henri-Bourassa	1966	J. Warunkiewicz, Claude Leclerc et André Léonard	André Léonard et Jackies Huet	p 128
Honoré-Beaugrand	1976	Yves Roy	Jean-Paul Mousseau	p 27
Île-Sainte-Hélène	1967	Jean Dumontier	Jean Dumontier	p 18
Jarry	1966	Lemoyne, Bland, Edwards et Shine		p 139
Jean-Talon	1966 / 1986	Duplessis, Labelle et Derome / Gilbert Sauvé	Judith Klein et Gilbert Sauvé	p 143
Jolicoeur	1978	Claude Boucher	Claude Boucher	p 120
Joliette	1976	Marcel Raby	Marcel Raby	p 51
L'Assomption	1976	Duplessis et Labelle	Guy Montpetit	p 39
Langelier	1976	Victor Prus et André G. Dionne	Charles Daudelin	p 33
LaSalle	1978	Didier, Gillon et Larouche	Peter Gnass	p 111
Laurier	1966	Jean P. Pothier		p 152
Lionel-Groulx	1978	Yves Roy	Joseph Rifesser et Yves Roy	p 209
Longueuil	1967	Jean Dumontier	Jean Dumontier	p 24
Lucien-L'Allier	1980	David, Boulva, Cleve	Jacques J. Besner	p 202
McGill	1966	Crevier, Lemieux Maurice Savoie	Mercier et Caron et Nicolas Sollogoub	p 80
Monk	1978	Blais et Bélanger	Germain Bergeron	p 122
Mont-Royal	1966	Victor Prus	Charles Daudelin	p 156
Namur	1984	Labelle, Marchand et Geoffroy	Pierre Granche	p 233
Outremont	1988	Dupuis, Chapuis et Dubuc	Gilbert Poissant	p 263
Papineau	1966	Bolduc et Venne	Jean Cartier	p 60
Parc	1988	Blouin, Blouin et associés	Claire Sarrazin et Huguette Desjardins	p 257
Peel	1966	Papineau, Gérin-Lajoie et Leblanc	Jean-Paul Mousseau	p 89
Pie-IX	1976	Marcel Raby	Jordi Bonet et Marcel Raby	p 46
Place Saint-Henri	1980	Hébert et Lalonde	Jacques de Tonnancour et Julien Hébert	p 213
Place-d'Armes	1966	J. Warunkiewicz	Contois	p 181
Place-des-Arts	1966	David, Boulva, Cleve	Frédéric Back	p 75
Plamondon	1982	Patrice Gauthier	Patrice Gauthier	p 230
Préfontaine	1976	Henri Brillon		p 54
Radisson	1976	Papineau, Gérin-Lajoie, Leblanc et Edwards		p 30
Rosemont	1966	Duplessis, Labelle et Derome		p 149
Saint-Laurent	1966	Brassard et Warren	Brassard et Warren	p 70

Stations	Date Inauguration	Architectes	Artistes	Pages
Saint-Michel	1986	Lemoyne et associés	Lauréat Marois, Normand Marois, Charles Lemay et Marcelin Cardinal	p 245
Sauvé	1966	A. Niklewicz		p 132
Sherbrooke	1966	Jean Dumontier, Crevier, Lemieux Mercier et Caron	Mario Merola, Andrea Viau et G. Bastien	p 161
Snowdon	1981	Jean-L. Beaulieu	Claude Guité et Jean-L. Beaulieu	p 224
Square-Victoria	1966	Irving Sager	Hector Guimard, Jean-Paul Mousseau, Robert Savoie	p 188
Université de Montréal	1988	André Léonard	André Léonard	p 270
Vendôme	1981	Desnoyers, Mercure Leziy, Gagnon, Sheppard et Gélinas	Marcelle Ferron	p 217
Verdun	1978	Jean-Maurice Dubé	Antoine D. Lamarche	p 117
Viau	1976	Irving Sager	Jean-Paul Mousseau	p 42
Villa-Maria	1981	André Léonard	André Léonard	p 220

TABLEAU DES ACTIVITES

Le tableau qui suit permet de repérer en un coup d'oeil les endroits desservis par le métro où l'on peut pratiquer l'activité de son choix.

	Nature	Musées	Enfants	Histoire	Ethnies	Sports	Architecture	Maisons de la culture	Désigners	Art de la rue	Pages
Acadie						●	●				p 260
Angrignon	●		●			●					p 125
Atwater							●	●	●	●	p 103
Beaubien						●					p 146
Beaudry						●					p 65
Berri-UQAM		●				●				●	p 10
Bonaventure			●			●	●		●	●	p 194
Cadillac						●					p 36
Champ-de-Mars	●	●	●	●		●				●	p 167
Charlevoix											p 108
Côte-des-Neiges							●	●		●	p 274
Côte-Sainte-Catherine		●			●						p 227
Côte-Vertu						●					p 242
Crémazie	●						●	●			p 135
D'Iberville											p 248
De Castelnau											p 254
De l'Église						●					p 114
De la Savane											p 236
Du Collège		●									p 239
Édouard-Montpetit							●	●			p 267
Fabre						●					p 251
Frontenac		●							●		p 57
Georges-Vanier				●	●						p 206
Guy-Concordia		●	●				●			●	p 96
Henri-Bourassa	●		●								p 128
Honoré-Beaugrand						●	●				p 27
Île-Sainte-Hélène	●	●	●	●		●	●			●	p 18

	Nature	Musées	Enfants	Histoire	Ethnies	Sports	Architecture	Maisons de la culture	Désigners	Art de la rue	Pages
Jarry		●			●						p 139
Jean-Talon					●						p 143
Jolicoeur											p 120
Joliette											p 51
L'Assomption						●	●				p 39
Langelier											p 33
LaSalle											p 111
Laurier		●					●				p 152
Lionel-Groulx							●				p 209
Longueuil											p 24
Lucien-L'Allier			●				●	●		●	p 202
McGill		●		●			●		●	●	p 80
Monk	●						●				p 122
Mont-Royal	●		●					●	●	●	p 156
Namur							●				p 233
Outremont								●			p 263
Papineau							●			●	p 60
Paro											p 257
Peel			●				●		●	●	p 89
Pie-IX	●	●	●	●		●	●				p 46
Place Saint-Henri			●							●	p 213
Place-d'Armes		●		●	●		●			●	p 181
Place-des-Arts		●					●			●	p 75
Plamondon					●					●	p 230
Préfontaine											p 54
Radisson							●				p 30
Rosemont							●				p 149
Saint-Laurent		●			●					●	p 70
Saint-Michel			●								p 245
Sauvé			●				●				p 132
Sherbrooke	●		●	●	●		●			●	p 161
Snowdon							●				p 224
Square-Victoria		●	●				●			●	p 188
Université de Montréal					●		●				p 270
Vendôme							●				p 217
Verdun											p 117
Viau	●	●	●			●	●				p 42
Villa-Maria							●	●			p 220

LECTURES RECOMMANDÉES

COLLECTIF, Guide Debeur 1992 des restaurants du Québec, éditions Thierry Debeur, 1991, 168 p.

COLLECTIF, L'architecture de Montréal, Libre Expression, Montréal, 1990, 184 p.

COLLECTIF, Le métro de Montréal, Communauté urbaine de Montréal, Montréal, 1983, 164 p.

COLLECTIF, Montréal Nuit et Jour, Éditions Ulysse, Montréal, 1992, 128 p.

COLLECTIF, Montréal ville internationale, Windsor Publication, Burlington, 1990, 351 p.

COLLECTIF, Pédaler Montréal et ses environs, Éditions Tricycle inc., Montréal, 1991, 15 p.

CHOKO, Marc H., Les grandes places publiques de Montréal, éditions du Méridien, 1990, 215 p.

DRUMMOND, Micheal, TREMBLAY, Michel, Montréal, Hurtubise HMH ltée, Montréal, 1990, 133 p.

DUROCHER, Christine, Le Montréal des enfants, Stanké, Montréal, 1989, 312 p.

HÉNAULT, Odile, Guide Design Montréal, Éditions Section B, Montréal, 1990, 48 p.

LINTEAU, Paul-André, Histoire de Montréal depuis la Confédération, Édition Boréal, Montréal, 1992, 608 p.

PALLASCIO-MORIN, Ernest, BROUILLARD, Marcel, De Ville-Marie à Montréal, Publications Transcontinental inc., 1991, 80 p.

PHILLIPS, Sandra, Le consommateur averti Montréal, Montréal, 1991, 80 p.

PILON, Victor, Murs et murales, Éditions du Trécarré, Montréal, 1988, 130 p.

PINARD, Guy, Montréal son histoire, son architecture Tome 1, Éditions La Presse, Ottawa, 1987, 345 p.

PINARD, Guy, Montréal son histoire, son architecture Tome 2, Éditions La Presse, Ottawa.

PINARD, Guy, Montréal son histoire, son architecture Tome 3, Éditions La Presse, Ottawa.

PINARD, Guy, Montréal son histoire, son architecture Tome 4, Éditions La Presse, Ottawa.

RÉMILLARD, François, Le mile carré doré, Éditions du Méridien.

RÉMILLARD, François, Les styles de Montréal, Éditions du Méridien.

VISSER, John, Montréal un portrait/a portrait, Key Porter books ltée, 1988, 120 p.

WOLFE, Joshua, GRENIER, Cécile, Explorer Montréal, Libre Expression, Montréal, 1991, 349 p.

Vidéo-tour Montréal, Feux de Bengale, 30 min.

INDEX